Johann Wolfgang Goethe

Iphigenie auf Tauris

Ein Schauspiel

Herausgegeben von Max Kämper

Reclam

Der Text dieser Ausgabe ist seiten- und zeilengleich mit der Ausgabe der Universal-Bibliothek Nr. 83. Er wurde auf Grundlage der gültigen amtlichen Rechtschreibregeln orthographisch behutsam modernisiert.

Zu Goethes *Iphigenie auf Tauris* gibt es bei Reclam
- einen *Lektüreschlüssel XL für Schülerinnen und Schüler* (Nr. 15493)
- *Erläuterungen und Dokumente* (Nr. 16025)
- eine Interpretation in: *Goethes Dramen* in der Reihe »Interpretationen« (Nr. 8417)

E-Book-Ausgaben finden Sie auf unserer Website
unter www.reclam.de/e-book

Reclam XL | Text und Kontext | Nr. 19019

Gestaltung: Cornelia Feyll, Friedrich Forssman
Druck und Bindung: Kösel GmbH & Co. KG,
Am Buchweg 1, 87452 Altusried-Krugzell
Printed in Germany 2019

ISBN 978-3-15-019019-7

Auch als E-Book erhältlich

www.reclam.de

Die Reihe bietet neben dem Text Worterläuterungen in Form von Fußnoten und Sacherläuterungen in Form von Anmerkungen im Anhang, auf die am Rand mit Pfeilen (↗) verwiesen wird.

Personen

IPHIGENIE
THOAS, König der Taurier ↗
OREST
PYLADES
ARKAS

Schauplatz: Hain vor Dianens Tempel ↗

Erster Auftritt

IPHIGENIE. Heraus in eure Schatten, rege Wipfel
Des alten, heil'gen, dichtbelaubten Haines,
Wie in der Göttin stilles Heiligtum,
Tret ich noch jetzt mit schauderndem Gefühl,
Als wenn ich sie zum ersten Mal beträte,
Und es gewöhnt sich nicht mein Geist hierher.
So manches Jahr bewahrt mich hier verborgen
Ein hoher Wille, dem ich mich ergebe;
Doch immer bin ich, wie im ersten, fremd.
Denn ach mich trennt das Meer von den Geliebten,
Und an dem Ufer steh ich lange Tage,
Das Land der Griechen mit der Seele suchend;
Und gegen meine Seufzer bringt die Welle
Nur dumpfe Töne brausend mir herüber.
Weh dem, der fern von Eltern und Geschwistern
Ein einsam Leben führt! Ihm zehrt der Gram
Das nächste Glück vor seinen Lippen weg.
Ihm schwärmen abwärts immer die Gedanken
Nach seines Vaters Hallen, wo die Sonne
Zuerst den Himmel vor ihm aufschloss, wo
Sich Mitgeborne spielend fest und fester
Mit sanften Banden aneinander knüpften.
Ich rechte mit den Göttern nicht; allein
Der Frauen Zustand ist beklagenswert.
Zu Haus und in dem Kriege herrscht der Mann
Und in der Fremde weiß er sich zu helfen.
Ihn freuet der Besitz; ihn krönt der Sieg;
Ein ehrenvoller Tod ist ihm bereitet.
Wie eng-gebunden ist des Weibes Glück!
Schon einem rauen Gatten zu gehorchen,
Ist Pflicht und Trost; wie elend, wenn sie gar
Ein feindlich Schicksal in die Ferne treibt!
So hält mich Thoas hier, ein edler Mann,

---

8 **hoher Wille:** göttlicher Wille; Anspielung auf die Rettung Iphigenies vor dem Opfertod durch die Göttin Diana | 16 **Gram:** Kummer | 21 **Mitgeborne:** Geschwister

In ernsten, heil'gen Sklavenbanden fest.
O wie beschämt gesteh ich, dass ich dir
Mit stillem Widerwillen diene, Göttin,
Dir meiner Retterin! Mein Leben sollte
Zu freiem Dienste dir gewidmet sein.
Auch hab ich stets auf dich gehofft und hoffe
Noch jetzt auf dich Diana, die du mich,
Des größten Königes verstoßne Tochter,
In deinen heil'gen, sanften Arm genommen.
Ja, Tochter Zeus', wenn du den hohen Mann,
Den du, die Tochter fodernd, ängstigtest;
Wenn du den göttergleichen Agamemnon,
Der dir sein Liebstes zum Altare brachte,
Von Trojas umgewandten Mauern rühmlich
Nach seinem Vaterland zurückbegleitet,
Die Gattin ihm, Elektren und den Sohn,
Die schönen Schätze, wohl erhalten hast;
So gib auch mich den Meinen endlich wieder,
Und rette mich, die du vom Tod errettet,
Auch von dem Leben hier, dem zweiten Tode.

Zweiter Auftritt

IPHIGENIE. ARKAS.

ARKAS. Der König sendet mich hieher und beut
Der Priesterin Dianens Gruß und Heil.
Dies ist der Tag, da Tauris seiner Göttin
Für wunderbare neue Siege dankt.
Ich eile vor dem König und dem Heer,
Zu melden, dass er kommt und dass es naht.
IPHIGENIE. Wir sind bereit, sie würdig zu empfangen,
Und unsre Göttin sieht willkommnem Opfer
Von Thoas' Hand mit Gnadenblick entgegen.
ARKAS. O fänd ich auch den Blick der Priesterin,
Der werten, vielgeehrten, deinen Blick
O heil'ge Jungfrau, heller, leuchtender,
Uns allen gutes Zeichen! Noch bedeckt

---

41 **Des größten Königes:** Agamemnons | 43 **Tochter Zeus':** Diana | 44 **fodernd:** fordernd | 47 **umgewandten:** zerstörten | 54 **beut:** bietet

Der Gram geheimnisvoll dein Innerstes;
Vergebens harren wir schon jahrelang
Auf ein vertraulich Wort aus deiner Brust.
So lang ich dich an dieser Stätte kenne,
Ist dies der Blick, vor dem ich immer schaudre;
Und wie mit Eisenbanden bleibt die Seele
Ins Innerste des Busens dir geschmiedet.
IPHIGENIE. Wie's der Vertriebnen, der Verwaisten ziemt.
ARKAS. Scheinst du dir hier vertrieben und verwaist?
IPHIGENIE. Kann uns zum Vaterland die Fremde werden?
ARKAS. Und dir ist fremd das Vaterland geworden.
IPHIGENIE. Das ist's, warum mein blutend Herz nicht heilt.
In erster Jugend, da sich kaum die Seele
An Vater, Mutter und Geschwister band;
Die neuen Schösslinge, gesellt und lieblich,
Vom Fuß der alten Stämme himmelwärts
Zu dringen strebten; leider fasste da
Ein fremder Fluch mich an und trennte mich
Von den Geliebten, riss das schöne Band
Mit eh'rner Faust entzwei. Sie war dahin,
Der Jugend beste Freude, das Gedeihn
Der ersten Jahre. Selbst gerettet, war
Ich nur ein Schatten mir, und frische Lust
Des Lebens blüht in mir nicht wieder auf.
ARKAS. Wenn du dich so unglücklich nennen willst;
So darf ich dich auch wohl undankbar nennen.
IPHIGENIE. Dank habt ihr stets.
ARKAS. Doch nicht den reinen Dank,
Um dessentwillen man die Wohltat tut;
Den frohen Blick, der ein zufriednes Leben
Und ein geneigtes Herz dem Wirte zeigt.
Als dich ein tief-geheimnisvolles Schicksal
Vor so viel Jahren diesem Tempel brachte,
Kam Thoas, dir als einer Gottgegebnen
Mit Ehrfurcht und mit Neigung zu begegnen.
Und dieses Ufer ward dir hold und freundlich,
Das jedem Fremden sonst voll Grausens war,
Weil niemand unser Reich vor dir betrat,

75 **Scheinst du dir:** Kommst du dir … vor | 81 **Schösslinge:** Triebe einer Pflanze, hier als Bild für Kinder | 86 **eh'rner:** eiserner

Der an Dianens heil'gen Stufen nicht
Nach altem Brauch, ein blut'ges Opfer, fiel.

IPHIGENIE. Frei atmen macht das Leben nicht allein.
Welch Leben ist's, das an der heil'gen Stätte,
↗ Gleich einem Schatten um sein eigen Grab,
Ich nur vertrauern muss? Und nenn ich das
Ein fröhlich selbstbewusstes Leben, wenn
Uns jeder Tag, vergebens hingeträumt,
Zu jenen grauen Tagen vorbereitet,
Die an dem Ufer Lethes, selbstvergessend,
Die Trauerschar der Abgeschiednen feiert?
Ein unnütz Leben ist ein früher Tod;
Dies Frauenschicksal ist vor allen meins.

ARKAS. Den edeln Stolz, dass du dir selbst nicht g'nügest,
Verzeih ich dir, so sehr ich dich bedaure:
Er raubet den Genuss des Lebens dir.
Du hast hier nichts getan seit deiner Ankunft?
Wer hat des Königs trüben Sinn erheitert?
Wer hat den alten grausamen Gebrauch,
Dass am Altar Dianens jeder Fremde
Sein Leben blutend lässt, von Jahr zu Jahr
Mit sanfter Überredung aufgehalten,
Und die Gefangnen vom gewissen Tod
Ins Vaterland so oft zurückgeschickt?
Hat nicht Diane, statt erzürnt zu sein
Dass sie der blut'gen alten Opfer mangelt,
Dein sanft Gebet in reichem Maß erhört?
Umschwebt mit frohem Fluge nicht der Sieg
Das Heer? und eilt er nicht sogar voraus?
Und fühlt nicht jeglicher ein besser Los,
Seitdem der König, der uns weis und tapfer
So lang geführet, nun sich auch der Milde
In deiner Gegenwart erfreut und uns
Des schweigenden Gehorsams Pflicht erleichtert.
Das nennst du unnütz? wenn von deinem Wesen
↗ Auf Tausende herab ein Balsam träufelt;
Wenn du dem Volke, dem ein Gott dich brachte,
Des neuen Glückes ew'ge Quelle wirst,

---

108 **Schatten:** Seele eines Verstorbenen. Vgl. Anm. zu V. 108 | 113 **Lethes:** Lethe: Unterweltfluss, aus dem nach antikem Glauben die Toten tranken, um ihr Erdendasein zu vergessen | 114 **feiert:** tatenlos verbringt | 126 **gewissen:** sicheren | 139 **Balsam:** Linderung, Wohltat. Vgl. Anm. zu V. 139

Und an dem unwirtbaren Todes Ufer
Dem Fremden Heil und Rückkehr zubereitest?
IPHIGENIE. Das Wenige verschwindet leicht dem Blick,
Der vorwärts sieht wie viel noch übrig bleibt.
ARKAS. Doch lobst du den, der was er tut nicht schätzt?
IPHIGENIE. Man tadelt den, der seine Taten wägt.
ARKAS. Auch den, der wahren Wert zu stolz nicht achtet,
Wie den, der falschen Wert zu eitel hebt.
Glaub mir und hör auf eines Mannes Wort,
Der treu und redlich dir ergeben ist:
Wenn heut der König mit dir redet, so
Erleichtr' ihm, was er dir zu sagen denkt.
IPHIGENIE. Du ängstest mich mit jedem guten Worte;
Oft wich ich seinem Antrag mühsam aus.
ARKAS. Bedenke was du tust und was dir nützt.
Seitdem der König seinen Sohn verloren,
Vertraut er wenigen der Seinen mehr,
Und diesen Wenigen nicht mehr wie sonst.
Missgünstig sieht er jedes Edeln Sohn
Als seines Reiches Folger an; er fürchtet
Ein einsam hülflos Alter, ja vielleicht
Verwegnen Aufstand und frühzeit'gen Tod.
Der Skythe setzt ins Reden keinen Vorzug, ↗
Am wenigsten der König. Er, der nur
Gewohnt ist zu befehlen und zu tun,
Kennt nicht die Kunst, von weitem ein Gespräch
Nach seiner Absicht langsam fein zu lenken.
Erschwer's ihm nicht durch ein rückhaltend Weigern,
Durch ein vorsetzlich Missverstehen. Geh
Gefällig ihm den halben Weg entgegen.
IPHIGENIE. Soll ich beschleunigen was mich bedroht?
ARKAS. Willst du sein Werben eine Drohung nennen?
IPHIGENIE. Es ist die schrecklichste von allen mir.
ARKAS. Gib ihm für seine Neigung nur Vertraun.
IPHIGENIE. Wenn er von Furcht erst meine Seele löst.
ARKAS. Warum verschweigst du deine Herkunft ihm?
IPHIGENIE. Weil einer Priesterin Geheimnis ziemt.
ARKAS. Dem König sollte nichts Geheimnis sein;

---

147 **seine Taten wägt:** sich seiner Taten brüstet | 155 **Antrag:** Heiratsantrag | 160 **Edeln:** Adligen | 161 **Folger:** Nachfolger (und damit Thronkonkurrenten) | 164 **Skythe:** Angehöriger des skythischen Volksstamms, zu dem auch die Taurier zählen. Vgl. Anm. zu V. 164

Und ob er's gleich nicht fordert, fühlt er's doch
Und fühlt es tief in seiner großen Seele,
Dass du sorgfältig dich vor ihm verwahrst.

IPHIGENIE. Nährt er Verdruss und Unmut gegen mich?

ARKAS.
So scheint es fast. Zwar schweigt er auch von dir;
Doch haben hingeworfne Worte mich
Belehrt, dass seine Seele fest den Wunsch
Ergriffen hat, dich zu besitzen. Lass,
O überlass ihn nicht sich selbst! damit
In seinem Busen nicht der Unmut reife
Und dir Entsetzen bringe, du zu spät
An meinen treuen Rat mit Reue denkest.

IPHIGENIE. Wie? sinnt der König, was kein edler Mann,
Der seinen Namen liebt und dem Verehrung
Der Himmlischen den Busen bändiget,
Je denken sollte? Sinnt er vom Altar
Mich in sein Bette mit Gewalt zu ziehn?
So ruf ich alle Götter und vor allen
Dianen die entschlossne Göttin an,
Die ihren Schutz der Priesterin gewiss,
Und Jungfrau einer Jungfrau, gern gewährt.

ARKAS. Sei ruhig! Ein gewaltsam neues Blut
Treibt nicht den König, solche Jünglingstat
Verwegen auszuüben. Wie er sinnt,
Befürcht ich andern harten Schluss von ihm,
Den unaufhaltbar er vollenden wird:
Denn seine Seel ist fest und unbeweglich.
Drum bitt ich dich, vertrau ihm; sei ihm dankbar,
Wenn du ihm weiter nichts gewähren kannst.

IPHIGENIE. O sage was dir weiter noch bekannt ist.

ARKAS. Erfahr's von ihm. Ich seh den König kommen;
Du ehrst ihn, und dich heißt dein eigen Herz,
Ihm freundlich und vertraulich zu begegnen.
Ein edler Mann wird durch ein gutes Wort
Der Frauen weit geführt.

IPHIGENIE *(allein)*. Zwar seh ich nicht,
Wie ich dem Rat des Treuen folgen soll.

---

182 **verwahrst:** verschließt | 200 **Jungfrau einer Jungfrau:** Diana, Jagdgöttin und Beschützerin der Jugend und der Jungfräulichkeit | 204 **Schluss:** Entschluss

Doch folg ich gern der Pflicht, dem Könige
Für seine Wohltat gutes Wort zu geben,
Und wünsche mir, dass ich dem Mächtigen,
Was ihm gefällt, mit Wahrheit sagen möge.

Dritter Auftritt

Heirat: keine Liebesheirat, Nachfolger, Sicherung Königreich, Dank

IPHIGENIE. THOAS.

IPHIGENIE. Mit königlichen Gütern segne dich
Die Göttin! Sie gewähre Sieg und Ruhm
Und Reichtum und das Wohl der Deinigen
Und jedes frommen Wunsches Fülle dir!
Dass, der du über viele sorgend herrschest,
Du auch vor vielen seltnes Glück genießest.

THOAS. Zufrieden wär ich, wenn mein Volk mich rühmte:
Was ich erwarb, genießen andre mehr
Als ich. Der ist am glücklichsten, er sei
Ein König oder ein Geringer, dem
In seinem Hause Wohl bereitet ist.
Du nahmest Teil an meinen tiefen Schmerzen,
Als mir das Schwert der Feinde meinen Sohn,
Den letzten, besten, von der Seite riss.
So lang die Rache meinen Geist besaß,
Empfand ich nicht die Öde meiner Wohnung;
Doch jetzt, da ich befriedigt wiederkehre,
Ihr Reich zerstört, mein Sohn gerochen ist,
Bleibt mir zu Hause nichts das mich ergetze.
Der fröhliche Gehorsam, den ich sonst
Aus einem jeden Auge blicken sah,
Ist nun von Sorg und Unmut still gedämpft.
Ein jeder sinnt was künftig werden wird,
Und folgt dem Kinderlosen, weil er muss.
Nun komm ich heut in diesen Tempel, den
Ich oft betrat um Sieg zu bitten und
Für Sieg zu danken. Einen alten Wunsch
Trag ich im Busen, der auch dir nicht fremd,
Noch unerwartet ist: ich hoffe, dich

---

219 **mit Wahrheit:** mit Aufrichtigkeit, innerer Überzeugung | 223 **Fülle:** Erfüllung | 225 **seltnes:** besonderes | 235 **Öde:** Leere, Verlassenheit | 237 **gerochen:** gerächt (früher stark flektiert) | 238 **ergetze:** erfreue

Zum Segen meines Volks und mir zum Segen,
Als Braut in meine Wohnung einzuführen.

IPHIGENIE. Der Unbekannten bietest du zu viel,
O König, an. Es steht die Flüchtige
Beschämt vor dir, die nichts an diesem Ufer
Als Schutz und Ruhe sucht, die du ihr gabst.

THOAS. Dass du in das Geheimnis deiner Abkunft
Vor mir wie vor dem Letzten stets dich hüllest,
Wär unter keinem Volke recht und gut.
Dies Ufer schreckt die Fremden: das Gesetz
Gebietet's und die Not. Allein von dir,
Die jedes frommen Rechts genießt, ein wohl
Von uns empfangner Gast nach eignem Sinn
Und Willen ihres Tages sich erfreut,
Von dir hofft ich Vertrauen, das der Wirt
Für seine Treue wohl erwarten darf.

IPHIGENIE. Verbarg ich meiner Eltern Namen und
Mein Haus, o König, war's Verlegenheit,
Nicht Misstraun. Denn vielleicht, ach wüsstest du,
Wer vor dir steht, und welch verwünschtes Haupt
Du nährst und schützest; ein Entsetzen fasste
Dein großes Herz mit seltnem Schauer an,
Und statt die Seite deines Thrones mir
Zu bieten, triebest du mich vor der Zeit
Aus deinem Reiche; stießest mich vielleicht,
Eh zu den Meinen frohe Rückkehr mir
Und meiner Wandrung Ende zugedacht ist,
Dem Elend zu, das jeden Schweifenden,
Von seinem Haus Vertriebnen überall
Mit kalter fremder Schreckenshand erwartet.

THOAS. Was auch der Rat der Götter mit dir sei,
Und was sie deinem Haus und dir gedenken;
So fehlt es doch, seitdem du bei uns wohnst
Und eines frommen Gastes Recht genießest,
An Segen nicht, der mir von oben kommt.
Ich möchte schwer zu überreden sein,
Dass ich an dir ein schuldvoll Haupt beschütze.

IPHIGENIE. Dir bringt die Wohltat Segen, nicht der Gast.

---

255 **Abkunft:** Herkunft, Abstammung | 259 **Not:** Notwendigkeit (nämlich Abschreckung gegen Überfälle) | 266 **Haus:** Abstammung, Herkunft | 280 **gedenken:** vorbestimmen

THOAS. Was man Verruchten tut, wird nicht gesegnet.
Drum endige dein Schweigen und dein Weigern;
Es fordert dies kein ungerechter Mann.
Die Göttin übergab dich meinen Händen;
Wie du ihr heilig warst, so warst du's mir.
Auch sei ihr Wink noch künftig mein Gesetz:
Wenn du nach Hause Rückkehr hoffen kannst,
So sprech ich dich von aller Fordrung los.
Doch ist der Weg auf ewig dir versperrt,
Und ist dein Stamm vertrieben, oder durch
Ein ungeheures Unheil ausgelöscht,
So bist du mein durch mehr als Ein Gesetz.
Sprich offen! und du weißt, ich halte Wort.

IPHIGENIE. Vom alten Bande löset ungern sich
Die Zunge los, ein langverschwiegenes
Geheimnis endlich zu entdecken. Denn
Einmal vertraut, verlässt es ohne Rückkehr
Des tiefen Herzens sichre Wohnung, schadet,
Wie es die Götter wollen, oder nützt.
Vernimm! Ich bin aus Tantalus' Geschlecht.

THOAS. Du sprichst ein großes Wort gelassen aus.
Nennst du Den deinen Ahnherrn, den die Welt
Als einen ehmals Hochbegnadigten
Der Götter kennt? Ist's jener Tantalus,
Den Jupiter zu Rat und Tafel zog,
An dessen alterfahrnen, vielen Sinn
Verknüpfenden Gesprächen Götter selbst,
Wie an Orakelsprüchen sich ergetzten?

IPHIGENIE. Er ist es; aber Götter sollten nicht
Mit Menschen, wie mit ihresgleichen, wandeln;
Das sterbliche Geschlecht ist viel zu schwach
In ungewohnter Höhe nicht zu schwindeln.
Unedel war er nicht und kein Verräter;
Allein zum Knecht zu groß, und zum Gesellen
Des großen Donnrers nur ein Mensch. So war
Auch sein Vergehen menschlich; ihr Gericht
War streng, und Dichter singen: Übermut
Und Untreu stürzten ihn von Jovis Tisch

---

287 **Verruchten:** Verdammten; Verbrechern | 303 **vertraut:** preisgegeben, jemandem anvertraut | 306 **Tantalus':** Stammvater der Tantaliden, also der Familie, der Iphigenie angehört. Vgl. Anm. zu V. 306–325 | 311 **Jupiter:** lateinischer Name für Zeus (Genitiv: Jovis)

Fluch

Zur Schmach des alten Tartarus hinab.
Ach und sein ganz Geschlecht trug ihren Hass!
THOAS. Trug es die Schuld des Ahnherrn oder eigne?
IPHIGENIE. Zwar die gewalt'ge Brust und der Titanen
Kraftvolles Mark war seiner Söhn und Enkel
Gewisses Erbteil; doch es schmiedete
Der Gott um ihre Stirn ein ehern Band.
Rat, Mäßigung und Weisheit und Geduld
Verbarg er ihrem scheuen düstern Blick;
Zur Wut ward ihnen jegliche Begier,
Und grenzenlos drang ihre Wut umher.
Schon Pelops, der Gewaltig-wollende,
Des Tantalus geliebter Sohn, erwarb
Sich durch Verrat und Mord das schönste Weib,
Des Önomaus Tochter, Hippodamien.
Sie bringt den Wünschen des Gemahls zwei Söhne,
Thyest und Atreus. Neidisch sehen sie
Des Vaters Liebe zu dem ersten Sohn
Aus einem andern Bette wachsend an.
Der Hass verbindet sie, und heimlich wagt
Das Paar im Brudermord die erste Tat.
Der Vater wähnet Hippodamien
Die Mörderin, und grimmig fordert er
Von ihr den Sohn zurück, und sie entleibt
Sich selbst –
THOAS. Du schweigest? Fahre fort zu reden!
Lass dein Vertraun dich nicht gereuen! Sprich!
IPHIGENIE. Wohl dem, der seiner Väter gern gedenkt,
Der froh von ihren Taten, ihrer Größe,
Den Hörer unterhält und still sich freuend
Ans Ende dieser schönen Reihe sich
Geschlossen sieht! Denn es erzeugt nicht gleich
Ein Haus den Halbgott noch das Ungeheuer;
Erst eine Reihe Böser oder Guter
Bringt endlich das Entsetzen, bringt die Freude
Der Welt hervor. – Nach ihres Vaters Tode
Gebieten Atreus und Thyest der Stadt,
Gemeinsam-herrschend. Lange konnte nicht

---

325 **Zur Schmach des alten Tartarus:** in den den Verdammten als tiefste Demütigung vorbehaltenen Teil des Totenreichs. Vgl. Anm. zu V. 325 | 328 **Titanen:** vorolympische Götter von besonderer Wildheit | 330 **Gewisses Erbteil:** sicheres Erbe; vgl. Anm. zu V. 84 | 360 **Stadt:** Mykene

Die Eintracht dauern. Bald entehrt Thyest
Des Bruders Bette. Rächend treibet Atreus
Ihn aus dem Reiche. Tückisch hatte schon
Thyest, auf schwere Taten sinnend, lange
Dem Bruder einen Sohn entwandt und heimlich
Ihn als den seinen schmeichelnd auferzogen.
Dem füllet er die Brust mit Wut und Rache
Und sendet ihn zur Königsstadt, dass er
Im Oheim seinen eignen Vater morde.
Des Jünglings Vorsatz wird entdeckt; der König
Straft grausam den gesandten Mörder, wähnend
Er töte seines Bruders Sohn. Zu spät
Erfährt er, wer vor seinen trunknen Augen
Gemartert stirbt; und die Begier der Rache
Aus seiner Brust zu tilgen, sinnt er still
Auf unerhörte Tat. Er scheint gelassen,
Gleichgültig und versöhnt, und lockt den Bruder
Mit seinen beiden Söhnen in das Reich
Zurück, ergreift die Knaben, schlachtet sie
Und setzt die ekle schaudervolle Speise
Dem Vater bei dem ersten Mahle vor.
Und da Thyest an seinem Fleische sich
Gesättigt, eine Wehmut ihn ergreift,
Er nach den Kindern fragt, den Tritt, die Stimme
Der Knaben an des Saales Türe schon
Zu hören glaubt, wirft Atreus grinsend
Ihm Haupt und Füße der Erschlagnen hin.
Du wendest schaudernd dein Gesicht, o König:
So wendete die Sonn ihr Antlitz weg
Und ihren Wagen aus dem ew'gen Gleise.
Dies sind die Ahnherrn deiner Priesterin;
Und viel unseliges Geschick der Männer,
Viel Taten des verworrnen Sinnes deckt
Die Nacht mit schweren Fittigen und lässt
Uns nur in grauenvolle Dämmrung sehn.

THOAS. Verbirg sie schweigend auch. Es sei genug
Der Gräuel! Sage nun, durch welch ein Wunder
Von diesem wilden Stamme Du entsprangst.

---

362 **entehrt:** Thyest verführte der Sage nach Aerope, die Frau seines Bruders Atreus | 370 **Oheim:** Onkel | 392 **Ahnherrn:** Vorfahren | 395 **Fittigen:** Flügeln

IPHIGENIE. Des Atreus ältster Sohn war Agamemnon;
Er ist mein Vater. Doch ich darf es sagen,
In ihm hab ich seit meiner ersten Zeit
Ein Muster des vollkommnen Manns gesehn.
Ihm brachte Klytemnestra mich, den Erstling
Der Liebe, dann Elektren. Ruhig herrschte
Der König, und es war dem Hause Tantals
Die lang entbehrte Rast gewährt. Allein
Es mangelte dem Glück der Eltern noch
Ein Sohn, und kaum war dieser Wunsch erfüllt,
Dass zwischen beiden Schwestern nun Orest
Der Liebling wuchs; als neues Übel schon
Dem sichern Hause zubereitet war.
Der Ruf des Krieges ist zu euch gekommen,
Der, um den Raub der schönsten Frau zu rächen,
Die ganze Macht der Fürsten Griechenlands
Um Trojens Mauern lagerte. Ob sie
Die Stadt gewonnen, ihrer Rache Ziel
Erreicht, vernahm ich nicht. Mein Vater führte
Der Griechen Heer. In Aulis harrten sie
Auf günst'gen Wind vergebens: denn Diane,
Erzürnt auf ihren großen Führer, hielt
Die Eilenden zurück und forderte
Durch Kalchas' Mund des Königs ältste Tochter.
Sie lockten mit der Mutter mich ins Lager;
Sie rissen mich vor den Altar und weihten
Der Göttin dieses Haupt. – Sie war versöhnt;
Sie wollte nicht mein Blut, und hüllte rettend
In eine Wolke mich; in diesem Tempel
Erkannt ich mich zuerst vom Tode wieder.
Ich bin es selbst, bin Iphigenie,
Des Atreus Enkel, Agamemnons Tochter,
Der Göttin Eigentum, die mit dir spricht.

THOAS.
Mehr Vorzug und Vertrauen geb ich nicht
Der Königstochter als der Unbekannten.
Ich wiederhole meinen ersten Antrag:
Komm, folge mir und teile was ich habe.

---

414 **Raub der schönsten Frau:** Entführung Helenas, der Schwägerin Agamemnons, durch den trojanischen Prinzen Paris | 421 **großen Führer:** Agamemnon. Vgl. Anm. zu V. 420 f. | 423 **Durch Kalchas' Mund:** durch den Priesterspruch des griechischen Priesters und Sehers Kalchas

IPHIGENIE. Wie darf ich solchen Schritt, o König, wagen?
Hat nicht die Göttin, die mich rettete,
Allein das Recht auf mein geweihtes Leben?
Sie hat für mich den Schutzort ausgesucht,
Und sie bewahrt mich einem Vater, den
Sie durch den Schein genug gestraft, vielleicht
Zur schönsten Freude seines Alters hier.
Vielleicht ist mir die frohe Rückkehr nah;
Und ich, auf ihren Weg nicht achtend, hätte
Mich wider ihren Willen hier gefesselt?
Ein Zeichen bat ich, wenn ich bleiben sollte.
THOAS. Das Zeichen ist, dass du noch hier verweilst.
Such Ausflucht solcher Art nicht ängstlich auf.
Man spricht vergebens viel, um zu versagen;
Der andre hört von allem nur das Nein.
IPHIGENIE. Nicht Worte sind es, die nur blenden sollen;
Ich habe dir mein tiefstes Herz entdeckt.
Und sagst du dir nicht selbst, wie ich dem Vater,
Der Mutter, den Geschwistern mich entgegen
Mit ängstlichen Gefühlen sehnen muss?
Dass in den alten Hallen, wo die Trauer
Noch manchmal stille meinen Namen lispelt,
Die Freude, wie um eine Neugeborne,
Den schönsten Kranz von Säul an Säulen schlinge.
O sendetest du mich auf Schiffen hin!
Du gäbest mir und allen neues Leben.
THOAS. So kehr zurück! Tu was dein Herz dich heißt;
Und höre nicht die Stimme guten Rats
Und der Vernunft. Sei ganz ein Weib und gib
Dich hin dem Triebe, der dich zügellos
Ergreift und dahin oder dorthin reißt.
Wenn ihnen eine Lust im Busen brennt,
Hält vom Verräter sie kein heilig Band,
Der sie dem Vater oder dem Gemahl
Aus langbewährten, treuen Armen lockt;
Und schweigt in ihrer Brust die rasche Glut,
So dringt auf sie vergebens treu und mächtig
Der Überredung goldne Zunge los.

---

442 **Schein:** den vermeintlichen Tod Iphigenies | 447 **bat:** erbat, erflehte | 452 **blenden:** etwas vortäuschen | 460 **Kranz:** Bekränzung von Türpfosten und Säulen bei einer Geburt | 469 **vom Verräter:** von Verrat und Treulosigkeit

IPHIGENIE. Gedenk, o König, deines edeln Wortes!
Willst du mein Zutraun so erwidern? Du
Schienst vorbereitet, alles zu vernehmen.
THOAS. Aufs Ungehoffte war ich nicht bereitet;
Doch sollt ich's auch erwarten: wusst ich nicht,
Dass ich mit einem Weibe handeln ging?
IPHIGENIE. Schilt nicht, o König, unser arm Geschlecht.
Nicht herrlich wie die euern, aber nicht
Unedel sind die Waffen eines Weibes.
Glaub es, darin bin ich dir vorzuziehn,
Dass ich dein Glück mehr als du selber kenne.
Du wähnest, unbekannt mit dir und mir,
Ein näher Band werd uns zum Glück vereinen.
Voll guten Mutes, wie voll guten Willens,
Dringst du in mich, dass ich mich fügen soll;
Und hier dank ich den Göttern, dass sie mir
Die Festigkeit gegeben, dieses Bündnis
Nicht einzugehen, das sie nicht gebilligt.
THOAS. Es spricht kein Gott; es spricht dein eignes Herz.
IPHIGENIE. Sie reden nur durch unser Herz zu uns.
THOAS. Und hab Ich, sie zu hören, nicht das Recht?
IPHIGENIE.
Es überbraust der Sturm die zarte Stimme.
THOAS. Die Priesterin vernimmt sie wohl allein?
IPHIGENIE. Vor allen andern merke sie der Fürst.
THOAS. Dein heilig Amt und dein geerbtes Recht
An Jovis Tisch bringt dich den Göttern näher,
Als einen erdgebornen Wilden.
IPHIGENIE. So
Büß ich nun das Vertraun, das du erzwangst.
THOAS. Ich bin ein Mensch; und besser ist's wir enden.
So bleibe denn mein Wort: Sei Priesterin
Der Göttin, wie sie dich erkoren hat;
Doch mir verzeih' Diane, dass ich ihr
Bisher mit Unrecht und mit innerm Vorwurf
Die alten Opfer vorenthalten habe.
Kein Fremder nahet glücklich unserm Ufer;
Von Alters her ist ihm der Tod gewiss.

---

487 **Ein näher Band:** von Thoas beabsichtigte Eheschließung | 489 **Dringst du in:** bedrängst du | 496 **Sturm:** »Sturm der Leidenschaft«, Thoas' unverhohlener Ärger | 501 **Als einen erdgebornen Wilden:** Anspielung auf Iphigenies Herkunft und den Ruf der Taurier bei den Griechen

Nur Du hast mich mit einer Freundlichkeit,
In der ich bald der zarten Tochter Liebe,
Bald stille Neigung einer Braut zu sehn
Mich tief erfreute, wie mit Zauberbanden
Gefesselt, dass ich meiner Pflicht vergaß.
Du hattest mir die Sinnen eingewiegt,
Das Murren meines Volks vernahm ich nicht;
Nun rufen sie die Schuld von meines Sohnes
Frühzeit'gem Tode lauter über mich.
Um deinetwillen halt ich länger nicht
Die Menge, die das Opfer dringend fordert.
IPHIGENIE. Um meinetwillen hab ich's nie begehrt.
Der missversteht die Himmlischen, der sie
Blutgierig wähnt; er dichtet ihnen nur
Die eignen grausamen Begierden an.
Entzog die Göttin mich nicht selbst dem Priester?
Ihr war mein Dienst willkommner, als mein Tod.
THOAS. Es ziemt sich nicht für uns, den heiligen
Gebrauch mit leicht beweglicher Vernunft
Nach unserm Sinn zu deuten und zu lenken.
Tu deine Pflicht, ich werde meine tun.
Zwei Fremde, die wir in des Ufers Höhlen
Versteckt gefunden, und die meinem Lande
Nichts Gutes bringen, sind in meiner Hand.
Mit diesen nehme deine Göttin wieder
Ihr erstes, rechtes, lang entbehrtes Opfer!
Ich sende sie hierher; du weißt den Dienst.

Vierter Auftritt

IPHIGENIE *(allein).* Du hast Wolken, gnädige Retterin,
Einzuhüllen unschuldig Verfolgte,
Und auf Winden dem eh'rnen Geschick sie
Aus den Armen, über das Meer,
Über der Erde weiteste Strecken
Und wohin es dir gut dünkt zu tragen.
Weise bist du und siehest das Künftige;

---

526 f. **Entzog … mein Tod:** Iphigenie weist auf ihre eigene Rettung vor dem Opfertod hin, denn Diana sei ihr Amt als Priesterin wichtiger gewesen als ihre Opferung durch das griechische Heer. | 540 **dem eh'rnen Geschick:** aus einer aussichtslosen Lage

Nicht vorüber ist dir das Vergangne,
Und dein Blick ruht über den Deinen
Wie dein Licht, das Leben der Nächte,
Über der Erde ruhet und waltet.
O enthalte vom Blut meine Hände!
Nimmer bringt es Segen und Ruhe;
Und die Gestalt des zufällig Ermordeten
Wird auf des traurig-unwilligen Mörders
Böse Stunden lauern – und schrecken.
Denn die Unsterblichen lieben der Menschen
Weit verbreitete gute Geschlechter,
Und sie fristen das flüchtige Leben
Gerne dem Sterblichen, wollen ihm gerne
Ihres eigenen, ewigen Himmels
Mitgenießendes fröhliches Anschaun
Eine Weile gönnen und lassen.

Zweiter Aufzug

Erster Auftritt

OREST. PYLADES.

OREST. Es ist der Weg des Todes, den wir treten:
Mit jedem Schritt wird meine Seele stiller.
Als ich Apollen bat, das grässliche
Geleit der Rachegeister von der Seite
Mir abzunehmen, schien er Hülf und Rettung
Im Tempel seiner vielgeliebten Schwester,
Die über Tauris herrscht, mit hoffnungsreichen
Gewissen Götterworten zu versprechen;
Und nun erfüllet sich's, dass alle Not
Mit meinem Leben völlig enden soll.
Wie leicht wird's mir, dem eine Götterhand

---

546 f. **dein Blick … dein Licht:** Anspielung auf die Rolle Dianas als griechische Mondgöttin | 552 **unwilligen:** im Sinne von »unfreiwilligen« | 556 f. **fristen … Sterblichen:** sind gerne bereit, den Menschen ein langes Leben zu gewähren | 566 **vielgeliebten Schwester:** Diana

Das Herz zusammendrückt, den Sinn betäubt,
Dem schönen Licht der Sonne zu entsagen.
Und sollen Atreus' Enkel in der Schlacht
Ein siegbekröntes Ende nicht gewinnen;
Soll ich wie meine Ahnen, wie mein Vater
Als Opfertier im Jammertode bluten:
So sei es! Besser hier vor dem Altar,
Als im verworfnen Winkel, wo die Netze
Der nahverwandte Meuchelmörder stellt.
Lasst mir so lange Ruh, ihr Unterird'schen,
Die nach dem Blut ihr, das von meinen Tritten
Hernieder träufend meinen Pfad bezeichnet,
Wie losgelassne Hunde spürend hetzt.
Lasst mich, ich komme bald zu euch hinab;
Das Licht des Tags soll euch nicht sehn, noch mich.
Der Erde schöner grüner Teppich soll
Kein Tummelplatz für Larven sein. Dort unten
Such ich euch auf: dort bindet alle dann
Ein gleich Geschick in ew'ge matte Nacht.
Nur dich, mein Pylades, dich, meiner Schuld
Und meines Banns unschuldigen Genossen,
Wie ungern nehm ich dich in jenes Trauerland
Frühzeitig mit! Dein Leben oder Tod
Gibt mir allein noch Hoffnung oder Furcht.

PYLADES. Ich bin noch nicht, Orest, wie du bereit,
In jenes Schattenreich hinabzugehn.
Ich sinne noch, durch die verworrnen Pfade,
Die nach der schwarzen Nacht zu führen scheinen,
Uns zu dem Leben wieder aufzuwinden.
Ich denke nicht den Tod; ich sinn und horche,
Ob nicht zu irgendeiner frohen Flucht
Die Götter Rat und Wege zubereiten.
Der Tod, gefürchtet oder ungefürchtet,
Kommt unaufhaltsam. Wenn die Priesterin
Schon unsre Locken weihend abzuschneiden
Die Hand erhebt, soll dein' und meine Rettung
Mein einziger Gedanke sein. Erhebe
Von diesem Unmut deine Seele; zweifelnd

---

574 **Atreus' Enkel:** Anspielung auf seine eigene Abstammung | 581 **Unterird'schen:** Erinnyen (die ein Grieche nicht durch die Verwendung ihres Namens reizen oder wecken wollte); vgl. Anm. zu V. 563 f. | 588 **Larven:** Lemuren, d. h. nächtlich spukende Geister Verstorbener

Beschleunigest du die Gefahr. Apoll
Gab uns das Wort: im Heiligtum der Schwester
Sei Trost und Hülf und Rückkehr dir bereitet.
Der Götter Worte sind nicht doppelsinnig,
Wie der Gedrückte sie im Unmut wähnt.

OREST. Des Lebens dunkle Decke breitete
Die Mutter schon mir um das zarte Haupt,
Und so wuchs ich herauf, ein Ebenbild
Des Vaters, und es war mein stummer Blick
Ein bittrer Vorwurf ihr und ihrem Buhlen.
Wie oft, wenn still Elektra meine Schwester
Am Feuer in der tiefen Halle saß,
Drängt ich beklommen mich an ihren Schoß,
Und starrte, wie sie bitter weinte, sie
Mit großen Augen an. Dann sagte sie
Von unserm hohen Vater viel: wie sehr
Verlangt ich ihn zu sehn, bei ihm zu sein!
Mich wünscht ich bald nach Troja, ihn bald her.
Es kam der Tag –

PYLADES. O lass von jener Stunde
Sich Höllengeister nächtlich unterhalten!
Uns gebe die Erinnrung schöner Zeit
Zu frischem Heldenlaufe neue Kraft.
Die Götter brauchen manchen guten Mann
Zu ihrem Dienst auf dieser weiten Erde.
Sie haben noch auf dich gezählt; sie gaben
Dich nicht dem Vater zum Geleite mit,
Da er unwillig nach dem Orkus ging.

OREST. O wär ich, seinen Saum ergreifend, ihm
Gefolgt.

PYLADES. So haben die, die dich erhielten,
Für mich gesorgt: denn was ich worden wäre,
Wenn Du nicht lebtest, kann ich mir nicht denken;
Da ich mit dir und deinetwillen nur
Seit meiner Kindheit leb und leben mag.

OREST. Erinnre mich nicht jener schönen Tage,
Da mir dein Haus die freie Stätte gab,
Dein edler Vater klug und liebevoll

---

611 **der Schwester:** Dianas, der Zwillingsschwester Apolls | 614 **Unmut:** Mutlosigkeit, Verzagtheit | 619 **Buhlen:** Liebhaber | 636 **unwillig:** unfreiwillig | 636 **Orkus:** Unterwelt; Synonym zu »Tartarus« | 637 **Saum ergreifend:** sich am Saum seines Mantels festhaltend

Die halb erstarrte junge Blüte pflegte;
Da du ein immer munterer Geselle,
Gleich einem leichten bunten Schmetterling
Um eine dunkle Blume, jeden Tag
Um mich mit neuem Leben gaukeltest,
Mir deine Lust in meine Seele spieltest,
Dass ich, vergessend meiner Not, mit dir
In rascher Jugend hingerissen schwärmte.

PYLADES. Da fing mein Leben an, als ich dich liebte.

OREST. Sag: meine Not begann, und du sprichst wahr.
Das ist das Ängstliche von meinem Schicksal,
Dass ich, wie ein verpesteter Vertriebner,
Geheimen Schmerz und Tod im Busen trage;
Dass, wo ich den gesundsten Ort betrete,
Gar bald um mich die blühenden Gesichter
Den Schmerzenszug langsamen Tods verraten.

PYLADES. Der nächste wär ich diesen Tod zu sterben,
Wenn je dein Hauch, Orest, vergiftete.
Bin ich nicht immer noch voll Mut und Lust?
Und Lust und Liebe sind die Fittige
Zu großen Taten.

OREST. Große Taten? Ja,
Ich weiß die Zeit, da wir sie vor uns sahn!
Wenn wir zusammen oft dem Wilde nach
Durch Berg' und Täler rannten, und dereinst
An Brust und Faust dem hohen Ahnherrn gleich
Mit Keul und Schwert dem Ungeheuer so,
Dem Räuber auf der Spur zu jagen hofften;
Und dann wir Abends an der weiten See
Uns aneinander lehnend ruhig saßen,
Die Wellen bis zu unsern Füßen spielten,
Die Welt so weit, so offen vor uns lag;
Da fuhr wohl einer manchmal nach dem Schwert,
Und künft'ge Taten drangen wie die Sterne
Rings um uns her unzählig aus der Nacht.

PYLADES. Unendlich ist das Werk, das zu vollführen
Die Seele dringt. Wir möchten jede Tat
So groß gleich tun als wie sie wächst und wird,

---

650 **gaukeltest:** Spaß triebst, scherztest | 656 **Ängstliche:** Unheimliche, Beängstigende | 681 **dringt:** drängt

Wenn jahrelang durch Länder und Geschlechter
Der Mund der Dichter sie vermehrend wälzt.
Es klingt so schön was unsre Väter taten,
Wenn es in stillen Abendschatten ruhend
Der Jüngling mit dem Ton der Harfe schlürft;
Und was wir tun ist, wie es ihnen war,
Voll Müh und eitel Stückwerk!
So laufen wir nach dem was vor uns flieht,
Und achten nicht des Weges den wir treten,
Und sehen neben uns der Ahnherrn Tritte
Und ihres Erdelebens Spuren kaum.
Wir eilen immer ihrem Schatten nach,
Der göttergleich in einer weiten Ferne
Der Berge Haupt auf goldnen Wolken krönt.
Ich halte nichts von dem, der von sich denkt
Wie ihn das Volk vielleicht erheben möchte.
Allein, o Jüngling, danke du den Göttern,
Dass sie so früh durch dich so viel getan.

OREST. Wenn sie dem Menschen frohe Tat bescheren,
Dass er ein Unheil von den Seinen wendet,
Dass er sein Reich vermehrt, die Grenzen sichert,
Und alte Feinde fallen oder fliehn;
Dann mag er danken! denn ihm hat ein Gott
Des Lebens erste, letzte Lust gegönnt.
Mich haben sie zum Schlächter auserkoren,
Zum Mörder meiner doch verehrten Mutter,
Und eine Schandtat schändlich rächend, mich
Durch ihren Wink zu Grund gerichtet. Glaube,
Sie haben es auf Tantals Haus gerichtet,
Und ich, der Letzte, soll nicht schuldlos, soll
Nicht ehrenvoll vergehn.

PYLADES. Die Götter rächen
Der Väter Missetat nicht an dem Sohn;
Ein jeglicher, gut oder böse, nimmt
Sich seinen Lohn mit seiner Tat hinweg.
Es erbt der Eltern Segen, nicht ihr Fluch.

OREST. Uns führt ihr Segen, dünkt mich, nicht hierher.

PYLADES. Doch wenigstens der hohen Götter Wille.

---

687 **schlürft:** vernimmt | 689 **eitel:** nichtiges, unbedeutendes | 697 f. **der … möchte:** der nur rasche öffentliche Anerkennung will | 711 **auf … gerichtet:** auf … abgesehen | 717 **erbt:** vererbt sich

OREST. So ist's ihr Wille denn, der uns verderbt.
PYLADES. Tu was sie dir gebieten und erwarte.
Bringst du die Schwester zu Apollen hin,
Und wohnen beide dann vereint zu Delphis,
Verehrt von einem Volk das edel denkt;
So wird für diese Tat das hohe Paar
Dir gnädig sein, sie werden aus der Hand
Der Unterird'schen dich erretten. Schon
In diesen heil'gen Hain wagt keine sich.
OREST. So hab ich wenigstens geruh'gen Tod.
PYLADES. Ganz anders denk ich, und nicht ungeschickt
Hab ich das schon Geschehne mit dem Künft'gen
Verbunden und im Stillen ausgelegt.
Vielleicht reift in der Götter Rat schon lange
Das große Werk. Diane sehnet sich
Von diesem rauen Ufer der Barbaren
Und ihren blut'gen Menschenopfern weg.
Wir waren zu der schönen Tat bestimmt,
Uns wird sie auferlegt, und seltsam sind
Wir an der Pforte schon gezwungen hier.
OREST. Mit seltner Kunst flichst du der Götter Rat
Und deine Wünsche klug in eins zusammen.
PYLADES. Was ist des Menschen Klugheit, wenn sie nicht
Auf Jener Willen droben achtend lauscht?
Zu einer schweren Tat beruft ein Gott
Den edlen Mann, der viel verbrach, und legt
Ihm auf was uns unmöglich scheint zu enden.
Es siegt der Held, und büßend dienet er
Den Göttern und der Welt, die ihn verehrt.
OREST. Bin ich bestimmt, zu leben und zu handeln;
So nehm' ein Gott von meiner schweren Stirn
Den Schwindel weg, der auf dem schlüpfrigen,
Mit Mutterblut besprengten Pfade fort
Mich zu den Toten reißt. Er trockne gnädig
Die Quelle, die, mir aus der Mutter Wunden
Entgegen sprudelnd, ewig mich befleckt.
PYLADES. Erwart es ruhiger! Du mehrst das Übel
Und nimmst das Amt der Furien auf dich.

---

723 **Delphis:** Delphi (wo sich die Kultstätte des Apollon befindet). Vgl. Anm. zu V. 722 f. | 725 **das hohe Paar:** Apoll und seine Schwester Diana | 727 **Der Unterird'schen:** der Rachegöttinnen | 746 **zu enden:** zu beenden, zu bewerkstelligen

Lass mich nur sinnen, bleibe still! Zuletzt,
Bedarf's zur Tat vereinter Kräfte, dann
Ruf ich dich auf, und beide schreiten wir
Mit überlegter Kühnheit zur Vollendung.

OREST. Ich hör Ulyssen reden.

PYLADES. Spotte nicht.
Ein jeglicher muss seinen Helden wählen,
Dem er die Wege zum Olymp hinauf
Sich nacharbeitet. Lass es mich gestehn:
Mir scheinet List und Klugheit nicht den Mann
Zu schänden, der sich kühnen Taten weiht.

OREST. Ich schätze den, der tapfer ist und grad.

PYLADES. Drum hab ich keinen Rat von dir verlangt.
Schon ist ein Schritt getan. Von unsern Wächtern
Hab ich bisher gar vieles ausgelockt.
Ich weiß, ein fremdes, göttergleiches Weib
Hält jenes blutige Gesetz gefesselt;
Ein reines Herz und Weihrauch und Gebet
Bringt sie den Göttern dar. Man rühmet hoch
Die Gütige; man glaubet, sie entspringe
Vom Stamm der Amazonen, sei geflohn,
Um einem großen Unheil zu entgehn.

OREST. Es scheint, ihr lichtes Reich verlor die Kraft
Durch des Verbrechers Nähe, den der Fluch
Wie eine breite Nacht verfolgt und deckt.
Die fromme Blutgier löst den alten Brauch
Von seinen Fesseln los, uns zu verderben.
Der wilde Sinn des Königs tötet uns;
Ein Weib wird uns nicht retten, wenn er zürnt.

PYLADES.
Wohl uns, dass es ein Weib ist! denn ein Mann,
Der beste selbst, gewöhnet seinen Geist
An Grausamkeit, und macht sich auch zuletzt
Aus dem, was er verabscheut, ein Gesetz,
Wird aus Gewohnheit hart und fast unkenntlich.
Allein ein Weib bleibt stät auf Einem Sinn,
Den sie gefasst. Du rechnest sicherer
Auf sie im Guten wie im Bösen. – Still!

---

764 **Olymp:** Berg in Griechenland; Sitz der Götter, wo auch verdiente Menschen der Vorzeit (Herakles) als Heroen aufgenommen wurden | 777 **Amazonen:** sagenhafter kriegerischer Frauenstamm

Sie kommt; lass uns allein. Ich darf nicht gleich
Ihr unsre Namen nennen, unser Schicksal
Nicht ohne Rückhalt ihr vertraun. Du gehst,
Und eh sie mit dir spricht treff ich dich noch.

Zweiter Auftritt

IPHIGENIE. PYLADES.

IPHIGENIE. Woher du seist und kommst, o Fremdling, sprich!
Mir scheint es, dass ich eher einem Griechen
Als einem Skythen dich vergleichen soll.
(Sie nimmt ihm die Ketten ab.)
Gefährlich ist die Freiheit, die ich gebe;
Die Götter wenden ab was euch bedroht!
PYLADES. O süße Stimme! Vielwillkommner Ton
Der Muttersprach in einem fremden Lande!
Des väterlichen Hafens blaue Berge
Seh ich Gefangner neu willkommen wieder
Vor meinen Augen. Lass dir diese Freude
Versichern, dass auch ich ein Grieche bin!
Vergessen hab ich einen Augenblick,
Wie sehr ich dein bedarf, und meinen Geist
Der herrlichen Erscheinung zugewendet.
O sage, wenn dir ein Verhängnis nicht
Die Lippe schließt, aus welchem unsrer Stämme
Du deine göttergleiche Herkunft zählst.
IPHIGENIE. Die Priesterin, von ihrer Göttin selbst
Gewählet und geheiligt, spricht mit dir.
Das lass dir g'nügen; sage, wer du seist
Und welch unselig-waltendes Geschick
Mit dem Gefährten dich hierher gebracht.
PYLADES. Leicht kann ich dir erzählen, welch ein Übel
Mit lastender Gesellschaft uns verfolgt.
O könntest du der Hoffnung frohen Blick
Uns auch so leicht, du Göttliche, gewähren!
Aus Kreta sind wir, Söhne des Adrasts:
Ich bin der jüngste, Cephalus genannt,

---

801 **Gefährlich ist die Freiheit, die ich gebe:** Indem sie Pylades und später Orest die Fesseln abnimmt, bereitet sie deren Opferung vor. | 813 **Stämme:** griechische Volksstämme bzw. Landschaften

Und er Laodamas, der älteste
Des Hauses. Zwischen uns stand rau und wild
Ein mittlerer, und trennte schon im Spiel
Der ersten Jugend Einigkeit und Lust.
Gelassen folgten wir der Mutter Worten,
So lang des Vaters Kraft vor Troja stritt;
Doch als er beutereich zurücke kam
Und kurz darauf verschied, da trennte bald
Der Streit um Reich und Erbe die Geschwister.
Ich neigte mich zum Ältsten. Er erschlug
Den Bruder. Um der Blutschuld willen treibt
Die Furie gewaltig ihn umher.
Doch diesem wilden Ufer sendet uns
Apoll, der Delphische, mit Hoffnung zu.
Im Tempel seiner Schwester hieß er uns
Der Hülfe segensvolle Hand erwarten.
Gefangen sind wir und hierher gebracht,
Und dir als Opfer dargestellt. Du weißt's.

IPHIGENIE. Fiel Troja? Teurer Mann, versichr' es mir.

PYLADES. Es liegt. O sichre du uns Rettung zu!
Beschleunige die Hülfe, die ein Gott
Versprach. Erbarme meines Bruders dich.
O sag ihm bald ein gutes holdes Wort;
Doch schone seiner wenn du mit ihm sprichst,
Das bitt ich eifrig: denn es wird gar leicht
Durch Freud und Schmerz und durch Erinnerung
Sein Innerstes ergriffen und zerrüttet.
Ein fieberhafter Wahnsinn fällt ihn an,
Und seine schöne freie Seele wird
Den Furien zum Raube hingegeben.

IPHIGENIE. So groß dein Unglück ist, beschwör ich dich,
Vergiss es, bis du mir genug getan.

PYLADES. Die hohe Stadt, die zehen lange Jahre
Dem ganzen Heer der Griechen widerstand,
Liegt nun im Schutte, steigt nicht wieder auf.
Doch manche Gräber unsrer Besten heißen
Uns an das Ufer der Barbaren denken.
Achill liegt dort mit seinem schönen Freunde.

---

837 **Furie:** Erinnye, Rachegöttin (vgl. Anm. zu V. 563 f.) | 843 **dargestellt:** preisgegeben | 857 **bis du mir genug getan:** bis du meine Neugier gestillt hast | 862 **Barbaren:** Trojaner. Vgl. Anm. zu V. 862

IPHIGENIE. So seid ihr Götterbilder auch zu Staub!
PYLADES. Auch Palamedes, Ajax Telamons,
Sie sahn des Vaterlandes Tag nicht wieder.
IPHIGENIE. Er schweigt von meinem Vater, nennt ihn nicht
Mit den Erschlagnen. Ja! er lebt mir noch!
Ich werd ihn sehn. O hoffe, liebes Herz!
PYLADES. Doch selig sind die Tausende, die starben
Den bittersüßen Tod von Feindes Hand!
Denn wüste Schrecken und ein traurig Ende
Hat den Rückkehrenden statt des Triumphs
Ein feindlich aufgebrachter Gott bereitet.
Kommt denn der Menschen Stimme nicht zu euch?
So weit sie reicht, trägt sie den Ruf umher
Von unerhörten Taten die geschahn.
So ist der Jammer, der Mycenens Hallen
Mit immer wiederholten Seufzern füllt,
Dir ein Geheimnis? – Klytemnestra hat
Mit Hülf Ägisthens den Gemahl berückt,
Am Tage seiner Rückkehr ihn ermordet! –
Ja du verehrest dieses Königs Haus!
Ich seh es, deine Brust bekämpft vergebens
Das unerwartet ungeheure Wort.
Bist du die Tochter eines Freundes? bist
Du nachbarlich in dieser Stadt geboren?
Verbirg es nicht und rechne mir's nicht zu,
Dass ich der erste diese Gräuel melde.
IPHIGENIE. Sag an, wie ward die schwere Tat vollbracht?
PYLADES. Am Tage seiner Ankunft, da der König
Vom Bad erquickt und ruhig sein Gewand
Aus der Gemahlin Hand verlangend, stieg,
Warf die Verderbliche ein faltenreich
Und künstlich sich verwirrendes Gewebe
Ihm auf die Schultern, um das edle Haupt;
Und da er wie von einem Netze sich
Vergebens zu entwickeln strebte, schlug
Ägisth ihn, der Verräter, und verhüllt
Ging zu den Toten dieser große Fürst.
IPHIGENIE. Und welchen Lohn erhielt der Mitverschworne?

---

878 **Mycenens Hallen:** Palast von Mykene, Iphigenies Elternhaus | 881 **Ägisthens:** Ägisths, Sohn des Thyest und der Pelopeia; Vetter Agamemnons. Vgl. Anm. zu V. 881 | 881 **berückt:** mit einem Netz gefangen; vgl. Anm. zu V. 576–580

PYLADES. Ein Reich und Bette, das er schon besaß.
IPHIGENIE. So trieb zur Schandtat eine böse Lust?
PYLADES. Und einer alten Rache tief Gefühl.
IPHIGENIE. Und wie beleidigte der König sie?
PYLADES. Mit schwerer Tat, die, wenn Entschuldigung
Des Mordes wäre, sie entschuldigte.
Nach Aulis lockt' er sie und brachte dort,
Als eine Gottheit sich der Griechen Fahrt
Mit ungestümen Winden widersetzte,
Die ältste Tochter Iphigenien
Vor den Altar Dianens, und sie fiel
Ein blutig Opfer für der Griechen Heil.
Dies, sagt man, hat ihr einen Widerwillen
So tief ins Herz geprägt, dass sie dem Werben
Ägisthens sich ergab und den Gemahl
Mit Netzen des Verderbens selbst umschlang.
IPHIGENIE *(sich verhüllend)*.
Es ist genug. Du wirst mich wiedersehn.
PYLADES *(allein)*. Von dem Geschick des Königs-Hauses scheint
Sie tief gerührt. Wer sie auch immer sei,
So hat sie selbst den König wohl gekannt
Und ist, zu unserm Glück, aus hohem Hause
Hierher verkauft. Nur stille, liebes Herz,
Und lass dem Stern der Hoffnung, der uns blinkt,
Mit frohem Mut uns klug entgegensteuern.

Dritter Aufzug

Erster Auftritt

IPHIGENIE. OREST.

IPHIGENIE. Unglücklicher, ich löse deine Bande
Zum Zeichen eines schmerzlichern Geschicks.
Die Freiheit, die das Heiligtum gewährt,

---

902 **Ein Reich und Bette, das er schon besaß:** Anspielung auf Ägisths Rolle als Geliebter Klytemnestras und seine unrechtmäßige Aneignung der Macht in Mykene (vgl. Anm. zu V. 881)

Ist wie der letzte, lichte Lebensblick
Des schwer Erkrankten, Todesbote. Noch
Kann ich es mir und darf es mir nicht sagen,
Dass Ihr verloren seid! Wie könnt ich Euch
Mit mörderischer Hand dem Tode weihen?
Und niemand, wer es sei, darf Euer Haupt,
So lang ich Priesterin Dianens bin,
Berühren. Doch verweigr' ich jene Pflicht,
Wie sie der aufgebrachte König fordert;
So wählt er eine meiner Jungfraun mir
Zur Folgerin, und ich vermag alsdann
Mit heißem Wunsch allein Euch beizustehn.
O werter Landsmann! Selbst der letzte Knecht,
Der an den Herd der Vatergötter streifte,
Ist uns in fremdem Lande hoch willkommen;
Wie soll ich Euch genug mit Freud und Segen
Empfangen, die Ihr mir das Bild der Helden,
Die ich von Eltern her verehren lernte,
Entgegenbringet und das innre Herz
Mit neuer schöner Hoffnung schmeichelnd labet!

OREST. Verbirgst du deinen Namen, deine Herkunft
Mit klugem Vorsatz? oder darf ich wissen,
Wer mir, gleich einer Himmlischen, begegnet?

IPHIGENIE. Du sollst mich kennen. Jetzo sag mir an,
Was ich nur halb von deinem Bruder hörte,
Das Ende derer, die von Troja kehrend
Ein hartes unerwartetes Geschick
Auf ihrer Wohnung Schwelle stumm empfing.
Zwar ward ich jung an diesen Strand geführt;
Doch wohl erinnr' ich mich des scheuen Blicks,
Den ich mit Staunen und mit Bangigkeit
Auf jene Helden warf. Sie zogen aus,
Als hätte der Olymp sich aufgetan
Und die Gestalten der erlauchten Vorwelt
Zum Schrecken Ilions herabgesendet,
Und Agamemnon war vor allen herrlich!
O sage mir! Er fiel, sein Haus betretend,
Durch seiner Frauen und Ägisthus' Tücke?

---

930 **Todesbote:** vgl. Fußn. zu V. 801 | 939 **Folgerin:** Nachfolgerin (die an Iphigenies Stelle die Opferung durchführen würde) | 963 **Ilions:** Trojas

OREST. Du sagst's!
IPHIGENIE. Weh dir, unseliges Mycen!
So haben Tantals Enkel Fluch auf Fluch
Mit vollen wilden Händen ausgesät!
Und gleich dem Unkraut, wüste Häupter schüttelnd
Und tausendfält'gen Samen um sich streuend,
Den Kindeskindern nahverwandte Mörder
Zur ew'gen Wechselwut erzeugt! – Enthülle,
Was von der Rede deines Bruders schnell
Die Finsternis des Schreckens mir verdeckte.
Wie ist des großen Stammes letzter Sohn,
Das holde Kind, bestimmt des Vaters Rächer
Dereinst zu sein, wie ist Orest dem Tage
Des Bluts entgangen? Hat ein gleich Geschick
↗ Mit des Avernus Netzen ihn umschlungen?
Ist er gerettet? Lebt er? Lebt Elektra?
OREST. Sie leben.
IPHIGENIE. Goldne Sonne, leihe mir
Die schönsten Strahlen, lege sie zum Dank
Vor Jovis Thron! denn ich bin arm und stumm.
OREST. Bist du gastfreundlich diesem Königshause,
Bist du mit nähern Banden ihm verbunden,
Wie deine schöne Freude mir verrät:
So bändige dein Herz und halt es fest!
Denn unerträglich muss dem Fröhlichen
Ein jäher Rückfall in die Schmerzen sein.
Du weißt nur, merk ich, Agamemnons Tod.
IPHIGENIE. Hab ich an dieser Nachricht nicht genug?
OREST. Du hast des Gräuels Hälfte nur erfahren.
IPHIGENIE. Was fürcht ich noch? Orest, Elektra leben.
OREST. Und fürchtest du für Klytemnestren nichts?
IPHIGENIE. Sie rettet weder Hoffnung, weder Furcht.
OREST. Auch schied sie aus dem Land der Hoffnung ab.
IPHIGENIE. Vergoss sie reuig wütend selbst ihr Blut?
OREST. Nein, doch ihr eigen Blut gab ihr den Tod.
IPHIGENIE. Sprich deutlicher, dass ich nicht länger sinne.
Die Ungewissheit schlägt mir tausendfältig
Die dunkeln Schwingen um das bange Haupt.

---

968 **Tantals Enkel:** Atreus und Thyest (s. Stammbaum S. 97) | 972 **Kindeskindern:** Nachfahren | 973 **Wechselwut:** Rachsucht | 980 **Mit des Avernus Netzen:** mit tödlichen Netzen. Vgl. Anm. zu V. 980

OREST. So haben mich die Götter ausersehn
Zum Boten einer Tat, die ich so gern
Ins klanglos-dumpfe Höhlenreich der Nacht
Verbergen möchte? Wider meinen Willen
Zwingt mich dein holder Mund; allein er darf
Auch etwas Schmerzlichs fodern und erhält's.
Am Tage da der Vater fiel, verbarg
Elektra rettend ihren Bruder: Strophius,
Des Vaters Schwäher, nahm ihn willig auf,
Erzog ihn neben seinem eignen Sohne,
Der, Pylades genannt, die schönsten Bande
Der Freundschaft um den Angekommnen knüpfte.
Und wie sie wuchsen, wuchs in ihrer Seele
Die brennende Begier des Königs Tod
Zu rächen. Unversehen, fremd gekleidet,
Erreichen sie Mycen, als brächten sie
Die Trauernachricht von Orestens Tode
Mit seiner Asche. Wohl empfänget sie
Die Königin, sie treten in das Haus.
Elektren gibt Orest sich zu erkennen;
Sie bläst der Rache Feuer in ihm auf,
Das vor der Mutter heil'ger Gegenwart
In sich zurückgebrannt war. Stille führt
Sie ihn zum Orte, wo sein Vater fiel,
Wo eine alte leichte Spur des frech-
Vergossnen Blutes oftgewaschnen Boden
Mit blassen ahndungsvollen Streifen färbte.
Mit ihrer Feuerzunge schilderte
Sie jeden Umstand der verruchten Tat,
Ihr knechtisch elend durchgebrachtes Leben,
Den Übermut der glücklichen Verräter,
Und die Gefahren, die nun der Geschwister
Von einer stiefgewordnen Mutter warteten; ↗
Hier drang sie jenen alten Dolch ihm auf,
Der schon in Tantals Hause grimmig wütete,
Und Klytemnestra fiel durch Sohnes-Hand.
IPHIGENIE. Unsterbliche, die ihr den reinen Tag
Auf immer neuen Wolken selig lebet,

1011 **Schwäher:** Schwager | 1017 **Unversehen:** unerwartet, unangemeldet (und deshalb unerkannt) | 1035 **stiefgewordnen Mutter:** zur Stiefmutter gewordenen Mutter. Vgl. Anm. zu V. 1035 | 1039 **Unsterbliche:** Ihr Unsterblichen (als Anrede an die Götter)

Habt ihr nur darum mich so manches Jahr
Von Menschen abgesondert, mich so nah
Bei euch gehalten, mir die kindliche
Beschäftigung, des heil'gen Feuers Glut
Zu nähren, aufgetragen, meine Seele
Der Flamme gleich in ew'ger frommer Klarheit
Zu euern Wohnungen hinaufgezogen,
Dass ich nur meines Hauses Gräuel später
Und tiefer fühlen sollte? – Sage mir
Vom Unglücksel'gen! Sprich mir von Orest! –

OREST. O könnte man von seinem Tode sprechen!
Wie gärend stieg aus der Erschlagnen Blut
Der Mutter Geist
Und ruft der Nacht uralten Töchtern zu:
»Lasst nicht den Muttermörder entfliehn!
Verfolgt den Verbrecher! Euch ist er geweiht!«
Sie horchen auf, es schaut ihr hohler Blick
Mit der Begier des Adlers um sich her.
Sie rühren sich in ihren schwarzen Höhlen,
↗ Und aus den Winkeln schleichen ihre Gefährten,
Der Zweifel und die Reue, leis herbei.
↗ Vor ihnen steigt ein Dampf vom Acheron;
In seinen Wolkenkreisen wälzet sich
Die ewige Betrachtung des Geschehnen
Verwirrend um des Schuld'gen Haupt umher.
Und sie, berechtigt zum Verderben, treten
Der gottbesäten Erde schönen Boden,
↗ Von dem ein alter Fluch sie längst verbannte.
Den Flüchtigen verfolgt ihr schneller Fuß;
Sie geben nur um neu zu schrecken Rast.

IPHIGENIE. Unseliger, du bist in gleichem Fall,
Und fühlst was er, der arme Flüchtling, leidet!

OREST. Was sagst du mir? Was wähnst du gleichen Fall?

IPHIGENIE. Dich drückt ein Brudermord wie jenen; mir
Vertraute dies dein jüngster Bruder schon.

OREST. Ich kann nicht leiden, dass du große Seele
Mit einem falschen Wort betrogen werdest.
Ein lügenhaft Gewebe knüpf' ein Fremder

1054 **der Nacht uralten Töchtern:** Erinnyen; vgl. Anm. zu V. 563f. | 1062 **Acheron:** ein die Unterwelt umgebendes Gewässer; vgl. Anm. zu V. 1062 | 1066 **berechtigt zum Verderben:** Racheanspruch der ermordeten Mutter, obwohl Apollon Orest zu der Tat aufgefordert hatte

Dem Fremden, sinnreich und der List gewohnt,
Zur Falle vor die Füße; zwischen uns
Sei Wahrheit!
Ich bin Orest! und dieses schuld'ge Haupt
Senkt nach der Grube sich und sucht den Tod;
In jeglicher Gestalt sei er willkommen!
Wer du auch seist, so wünsch ich Rettung dir
Und meinem Freunde; mir wünsch ich sie nicht.
Du scheinst hier wider Willen zu verweilen;
Erfindet Rat zur Flucht und lasst mich hier.
Es stürze mein entseelter Leib vom Fels,
Es rauche bis zum Meer hinab mein Blut,
Und bringe Fluch dem Ufer der Barbaren!
Geht ihr, daheim im schönen Griechenland
Ein neues Leben freundlich anzufangen.
(Er entfernt sich.)

IPHIGENIE. So steigst du denn, Erfüllung, schönste Tochter
Des größten Vaters, endlich zu mir nieder!
Wie ungeheuer steht dein Bild vor mir!
Kaum reicht mein Blick dir an die Hände, die
Mit Frucht und Segenskränzen angefüllt
Die Schätze des Olympus niederbringen.
Wie man den König an dem Übermaß
Der Gaben kennt: denn ihm muss wenig scheinen
Was Tausenden schon Reichtum ist; so kennt
Man euch, ihr Götter, an gesparten, lang
Und weise zubereiteten Geschenken.
Denn ihr allein wisst was uns frommen kann,
Und schaut der Zukunft ausgedehntes Reich,
Wenn jedes Abends Stern und Nebelhülle
Die Aussicht uns verdeckt. Gelassen hört
Ihr unser Flehn, das um Beschleunigung
Euch kindisch bittet; aber eure Hand
Bricht unreif nie die goldnen Himmelsfrüchte;
Und wehe dem, der ungeduldig sie
Ertrotzend, saure Speise sich zum Tod
Genießt. O lasst das lang erwartete,
Noch kaum gedachte Glück nicht, wie den Schatten

1094f. **Erfüllung ... Vaters:** Charis, Göttin der Gnade, Tochter von Zeus (aus Gründen der deutlicheren Antikisierung verwendet Goethe nicht den mit christlichen Konnotationen besetzten Begriff Gnade) | 1105 **frommen:** nützen

Des abgeschiednen Freundes, eitel mir
Und dreifach schmerzlicher vorübergehn!

OREST *(der wieder zu ihr tritt).*
Rufst du die Götter an für dich und Pylades,
So nenne meinen Namen nicht mit euerm.
Du rettest den Verbrecher nicht zu dem
Du dich gesellst, und teilest Fluch und Not.

IPHIGENIE. Mein Schicksal ist an deines fest gebunden.

OREST. Mitnichten! Lass allein und unbegleitet
Mich zu den Toten gehn. Verhülltest du
In deinen Schleier selbst den Schuldigen;
Du birgst ihn nicht vorm Blick der immer Wachen,
Und deine Gegenwart, du Himmlische,
Drängt sie nur seitwärts und verscheucht sie nicht.
Sie dürfen mit den eh'rnen frechen Füßen
Des heil'gen Waldes Boden nicht betreten;
Doch hör ich aus der Ferne hier und da
Ihr grässliches Gelächter. Wölfe harren
So um den Baum, auf den ein Reisender
Sich rettete. Da draußen ruhen sie
Gelagert; und verlass ich diesen Hain,
Dann steigen sie, die Schlangenhäupter schüttelnd,
Von allen Seiten Staub erregend auf
Und treiben ihre Beute vor sich her.

IPHIGENIE. Kannst du, Orest, ein freundlich Wort vernehmen?

OREST. Spar es für einen Freund der Götter auf.

IPHIGENIE. Sie geben dir zu neuer Hoffnung Licht.

OREST. Durch Rauch und Qualm seh ich den matten Schein
Des Totenflusses mir zur Hölle leuchten.

IPHIGENIE. Hast du Elektren, Eine Schwester nur?

OREST. Die Eine kannt ich; doch die ältste nahm
Ihr gut Geschick, das uns so schrecklich schien,
Beizeiten aus dem Elend unsers Hauses.
O lass dein Fragen, und geselle dich
Nicht auch zu den Erinnyen; sie blasen
Mir schadenfroh die Asche von der Seele,
Und leiden nicht, dass sich die letzten Kohlen
Von unsers Hauses Schreckensbrande still

1116 **Des abgeschiednen Freundes:** des von mir getrennten Freundes (evtl. Anspielung auf Achilles, den sie in Aulis heiraten sollte) | 1116 **eitel:** verloren | 1126 **immer Wachen:** Rachegöttinnen

In mir verglimmen. Soll die Glut denn ewig,
Vorsetzlich angefacht, mit Höllenschwefel
Genährt, mir auf der Seele marternd brennen?

IPHIGENIE. Ich bringe süßes Räuchwerk in die Flamme.
O lass den reinen Hauch der Liebe dir
Die Glut des Busens leise wehend kühlen.
Orest, mein Teurer, kannst du nicht vernehmen?
Hat das Geleit der Schreckensgötter so
Das Blut in deinen Adern aufgetrocknet?
Schleicht, wie vom Haupt der grässlichen Gorgone,
Versteinernd dir ein Zauber durch die Glieder?
O wenn vergossnen Mutterblutes Stimme
Zur Höll hinab mit dumpfen Tönen ruft:
Soll nicht der reinen Schwester Segenswort
Hülfreiche Götter vom Olympus rufen?

OREST. Es ruft! es ruft! So willst du mein Verderben?
Verbirgt in dir sich eine Rachegöttin?
Wer bist du, deren Stimme mir entsetzlich
Das Innerste in seinen Tiefen wendet?

IPHIGENIE. Es zeigt sich dir im tiefsten Herzen an:
Orest, ich bin's! sieh Iphigenien!
Ich lebe!

OREST. Du!

IPHIGENIE. Mein Bruder!

OREST. Lass! Hinweg!
Ich rate dir, berühre nicht die Locken!
Wie von Kreusas Brautkleid zündet sich
Ein unauslöschlich Feuer von mir fort.
Lass mich! Wie Herkules will ich Unwürd'ger
Den Tod voll Schmach, in mich verschlossen, sterben.

IPHIGENIE. Du wirst nicht untergehn! O dass ich nur
Ein ruhig Wort von dir vernehmen könnte!
O löse meine Zweifel, lass des Glückes,
Des lang erflehten, mich auch sicher werden.
Es wälzet sich ein Rad von Freud und Schmerz
Durch meine Seele. Von dem fremden Manne
Entfernet mich ein Schauer; doch es reißt
Mein Innerstes gewaltig mich zum Bruder.

1156 **süßes Räuchwerk:** Weihrauch, hier als Bild für Linderung | 1162 **Gorgone:** Der Anblick der Gorgonen, dämonischer Frauengestalten mit Schlangenhaaren, versteinerte jeden Menschen.

OREST. Ist hier Lyäens Tempel? und ergreift
Unbändig-heil'ge Wut die Priesterin?

IPHIGENIE. O höre mich! O sieh mich an, wie mir
Nach einer langen Zeit das Herz sich öffnet,
Der Seligkeit, dem Liebsten, was die Welt
Noch für mich tragen kann, das Haupt zu küssen,
Mit meinen Armen, die den leeren Winden
Nur ausgebreitet waren, dich zu fassen.
O lass mich! Lass mich! Denn es quillet heller
Nicht vom Parnass die ew'ge Quelle sprudelnd
Von Fels zu Fels ins goldne Tal hinab,
Wie Freude mir vom Herzen wallend fließt,
Und wie ein selig Meer mich rings umfängt.
Orest! Orest! Mein Bruder!

↗ OREST. Schöne Nymphe,
Ich traue dir und deinem Schmeicheln nicht.
Diana fordert strenge Dienerinnen
Und rächet das entweihte Heiligtum.
Entferne deinen Arm von meiner Brust!
Und wenn du einen Jüngling rettend lieben,
Das schöne Glück ihm zärtlich bieten willst;
So wende meinem Freunde dein Gemüt,
Dem würd'gern Manne zu. Er irrt umher
Auf jenem Felsenpfade; such ihn auf,
Weis ihn zurecht und schone meiner.

IPHIGENIE. Fasse
Dich, Bruder, und erkenne die Gefundne!
Schilt einer Schwester reine Himmelsfreude
Nicht unbesonnene, strafbare Lust.
O nehmt den Wahn ihm von dem starren Auge,
Dass uns der Augenblick der höchsten Freude
Nicht dreifach elend mache! Sie ist hier,
Die längst verlorne Schwester. Vom Altar
Riss mich die Göttin weg und rettete
Hierher mich in ihr eigen Heiligtum.
Gefangen bist du, dargestellt zum Opfer,
Und findest in der Priesterin die Schwester.

OREST. Unselige! So mag die Sonne denn

1188 **Lyäens:** Dionysos, auch als Lyaios (›Löser‹) bezeichnet, löst als Gott des Weins Sorgen und wird von den Bacchantinnen in religiös-rauschhafter Ekstase gefeiert. | 1197 **Nicht … Quelle:** nicht einmal die heilige Quelle von Delphi | 1201 **Nymphe:** »Verführerin«. Vgl. Anm. zu V. 1201

Die letzten Gräuel unsers Hauses sehn!
Ist nicht Elektra hier? damit auch sie
Mit uns zu Grunde gehe, nicht ihr Leben
Zu schwererem Geschick und Leiden friste.
Gut, Priesterin! ich folge zum Altar:
Der Brudermord ist hergebrachte Sitte
Des alten Stammes; und ich danke, Götter,
Dass ihr mich ohne Kinder auszurotten
Beschlossen habt. Und lass dir raten, habe
Die Sonne nicht zu lieb und nicht die Sterne;
Komm, folge mir ins dunkle Reich hinab!
Wie sich vom Schwefelpfuhl erzeugte Drachen
Bekämpfend die verwandte Brut verschlingen,
Zerstört sich selbst das wütende Geschlecht;
Komm kinderlos und schuldlos mit hinab!
Du siehst mich mit Erbarmen an? Lass ab!
Mit solchen Blicken suchte Klytemnestra
Sich einen Weg nach ihres Sohnes Herzen;
Doch sein geschwungner Arm traf ihre Brust.
Die Mutter fiel! – Tritt auf, unwill'ger Geist!
Im Kreis geschlossen tretet an, ihr Furien,
Und wohnet dem willkommnen Schauspiel bei,
Dem letzten, grässlichsten, das ihr bereitet!
Nicht Hass und Rache schärfen ihren Dolch:
Die liebevolle Schwester wird zur Tat
Gezwungen. Weine nicht! Du hast nicht Schuld.
Seit meinen ersten Jahren hab ich nichts
Geliebt, wie ich dich lieben könnte, Schwester.
Ja, schwinge deinen Stahl, verschone nicht,
Zerreiße diesen Busen, und eröffne
Den Strömen die hier sieden einen Weg.
(Er sinkt in Ermattung.)

IPHIGENIE. Allein zu tragen dieses Glück und Elend
Vermag ich nicht. – Wo bist du, Pylades?
Wo find ich deine Hülfe, teurer Mann?
(Sie entfernt sich suchend.)

1229 **Brudermord:** Atreus und Thyest töteten ihren Stiefbruder. | 1243 **unwill'ger Geist:** erzürnter und rächender Geist Klytemnestras | 1248 f. **zur Tat / Gezwungen:** zur Tötung Orests gezwungen durch die Erinnyen (und den Befehl des Thoas)

Zweiter Auftritt

OREST *(aus seiner Betäubung erwachend und sich aufrichtend).*
Noch einen! reiche mir aus Lethes Fluten
Den letzten kühlen Becher der Erquickung! –
Bald ist der Krampf des Lebens aus dem Busen
Hinweggespült; bald fließet still mein Geist,
Der Quelle des Vergessens hingegeben,
Zu euch, ihr Schatten, in die ew'gen Nebel.
Gefällig lasst in eurer Ruhe sich
Den umgetriebnen Sohn der Erde laben! –
Welch ein Gelispel hör ich in den Zweigen,
Welch ein Geräusch aus jener Dämmrung säuseln?
Sie kommen schon den neuen Gast zu sehn!
Wer ist die Schar, die herrlich miteinander
Wie ein versammelt Fürstenhaus sich freut?
Sie gehen friedlich, Alt' und Junge, Männer
Mit Weibern; göttergleich und ähnlich scheinen
Die wandelnden Gestalten. Ja, sie sind's,
Die Ahnherrn meines Hauses! – Mit Thyesten
Geht Atreus in vertraulichen Gesprächen,
Die Knaben schlüpfen scherzend um sie her.
Ist keine Feindschaft hier mehr unter euch?
Verlosch die Rache wie das Licht der Sonne?
So bin auch ich willkommen, und ich darf
In euern feierlichen Zug mich mischen.
Willkommen, Väter! euch grüßt Orest,
Von euerm Stamm der letzte Mann;
Was ihr gesät, hat er geerntet:
Mit Fluch beladen stieg er herab.
Doch leichter träget sich hier jede Bürde:
Nehmt ihn, o nehmt ihn in euern Kreis! –
Dich, Atreus, ehr ich, auch dich Thyesten;
Wir sind hier alle der Feindschaft los. –
Zeigt mir den Vater, den ich nur Einmal
Im Leben sah! – Bist du's, mein Vater?
Und führst die Mutter vertraut mit dir?
Darf Klytemnestra die Hand dir reichen;

1258 **Lethes:** Lethe: Fluss der Unterwelt (vgl. V. 113)

So darf Orest auch zu ihr treten
Und darf ihr sagen: sieh deinen Sohn! –
Seht euern Sohn! Heißt ihn willkommen.
Auf Erden war in unserm Hause
Der Gruß des Mordes gewisse Losung,
Und das Geschlecht des alten Tantalus
Hat seine Freuden jenseits der Nacht.
Ihr ruft, Willkommen! und nehmt mich auf!
O führt zum Alten, zum Ahnherrn mich!
Wo ist der Alte? dass ich ihn sehe,
Das teure Haupt, das vielverehrte,
Das mit den Göttern zu Rate saß.
Ihr scheint zu zaudern, euch wegzuwenden?
Was ist es? Leidet der Göttergleiche?
Weh mir! es haben die Übermächt'gen
Der Heldenbrust grausame Qualen
Mit eh'rnen Ketten fest aufgeschmiedet.

Dritter Auftritt

OREST. IPHIGENIE. PYLADES.

OREST. Seid ihr auch schon herabgekommen?
Wohl Schwester dir! Noch fehlt Elektra:
Ein güt'ger Gott send' uns die Eine
Mit sanften Pfeilen auch schnell herab.
Dich, armer Freund, muss ich bedauern!
Komm mit! Komm mit! zu Plutos Thron,
Als neue Gäste den Wirt zu grüßen.
IPHIGENIE. Geschwister, die ihr an dem weiten Himmel
Das schöne Licht bei Tag und Nacht herauf
Den Menschen bringet, und den Abgeschiednen
Nicht leuchten dürfet, rettet uns Geschwister!
Du liebst, Diane, deinen holden Bruder
Vor allem, was dir Erd und Himmel bietet,
Und wendest dein jungfräulich Angesicht
Nach seinem ew'gen Lichte sehnend still.
O lass den einz'gen spätgefundnen mir

1301 **Alten:** Tantalos | 1313 **Mit sanften Pfeilen:** Apollon sendet mit seinen Pfeilen Krankheit und Tod. | 1317 **Geschwister:** Geschwisterpaar Diana und Apoll

Nicht in der Finsternis des Wahnsinns rasen!
Und ist dein Wille, da du hier mich bargst,
Nunmehr vollendet, willst du mir durch ihn
Und ihm durch mich die sel'ge Hülfe geben;
So lös ihn von den Banden jenes Fluchs,
Dass nicht die teure Zeit der Rettung schwinde.

PYLADES. Erkennst du uns und diesen heil'gen Hain
Und dieses Licht, das nicht den Toten leuchtet?
Fühlst du den Arm des Freundes und der Schwester,
Die dich noch fest, noch lebend halten? Fass
Uns kräftig an; wir sind nicht leere Schatten.
Merk auf mein Wort! Vernimm es! Raffe dich
Zusammen! Jeder Augenblick ist teuer,
Und unsre Rückkehr hängt an zarten Fäden,
Die, scheint es, eine günst'ge Parze spinnt.

OREST *(zu Iphigenien).*
Lass mich zum ersten Mal mit freiem Herzen
In deinen Armen reine Freude haben!
Ihr Götter, die mit flammender Gewalt
Ihr schwere Wolken aufzuzehren wandelt,
Und gnädig-ernst den lang erflehten Regen
Mit Donnerstimmen und mit Windesbrausen
In wilden Strömen auf die Erde schüttet;
Doch bald der Menschen grausendes Erwarten
In Segen auflöst und das bange Staunen
In Freudeblick und lauten Dank verwandelt,
Wenn in den Tropfen frischerquickter Blätter
Die neue Sonne tausendfach sich spiegelt,
Und Iris freundlich bunt mit leichter Hand
Den grauen Flor der letzten Wolken trennt;
O lasst mich auch an meiner Schwester Armen,
An meines Freundes Brust, was ihr mir gönnt
Mit vollem Dank genießen und behalten.
Es löset sich der Fluch, mir sagt's das Herz.
Die Eumeniden ziehn, ich höre sie,
Zum Tartarus und schlagen hinter sich
Die eh'rnen Tore fernabdonnernd zu.
Die Erde dampft erquickenden Geruch

1340 **Parze:** Schicksalsgöttin, die den Lebensfaden spinnt | 1353 **Iris:** geflügelte Götterbotin; Personifikation des Regenbogens | 1354 **Flor:** Schleier | 1359 **Eumeniden:** »die Wohlgesinnten«, euphemistisch für Erinnyen; vgl. Fußn. zu V. 581

Und ladet mich auf ihren Flächen ein,
Nach Lebensfreud und großer Tat zu jagen.
PYLADES. Versäumt die Zeit nicht, die gemessen ist!
Der Wind der unsre Segel schwellt, er bringe
Erst unsre volle Freude zum Olymp.
Kommt! Es bedarf hier schnellen Rat und Schluss.

Vierter Aufzug

Erster Auftritt

IPHIGENIE. Denken die Himmlischen
Einem der Erdgebornen
Viele Verwirrungen zu,
Und bereiten sie ihm
Von der Freude zu Schmerzen
Und von Schmerzen zur Freude
Tief-erschütternden Übergang;
Dann erziehen sie ihm
In der Nähe der Stadt,
Oder am fernen Gestade,
Dass in Stunden der Not
Auch die Hülfe bereit sei,
Einen ruhigen Freund.
O segnet, Götter, unsern Pylades
Und was er immer unternehmen mag!
Er ist der Arm des Jünglings in der Schlacht,
Des Greises leuchtend Aug in der Versammlung:
Denn seine Seel ist stille; sie bewahrt
Der Ruhe heil'ges unerschöpftes Gut,
Und den Umhergetriebnen reichet er
Aus ihren Tiefen Rat und Hülfe. Mich
Riss er vom Bruder los; den staunt ich an

1370 **Erdgebornen:** Menschen | 1376 **erziehen:** großziehen, heranwachsen lassen | 1377 **Stadt:** Heimatstadt | 1378 **Gestade:** Ufer, Küste

Und immer wieder an, und konnte mir
Das Glück nicht eigen machen, ließ ihn nicht
Aus meinen Armen los, und fühlte nicht
Die Nähe der Gefahr die uns umgibt.
Jetzt gehn sie ihren Anschlag auszuführen
Der See zu, wo das Schiff mit den Gefährten
In einer Bucht versteckt aufs Zeichen lauert,
Und haben kluges Wort mir in den Mund
Gegeben, mich gelehrt was ich dem König
Antworte, wenn er sendet und das Opfer
Mir dringender gebietet. Ach! ich sehe wohl,
Ich muss mich leiten lassen wie ein Kind.
Ich habe nicht gelernt zu hinterhalten,
Noch jemand etwas abzulisten. Weh!
O weh der Lüge! Sie befreiet nicht,
Wie jedes andre wahrgesprochne Wort,
Die Brust; sie macht uns nicht getrost, sie ängstet
Den der sie heimlich schmiedet, und sie kehrt,
Ein losgedruckter Pfeil von einem Gotte
Gewendet und versagend, sich zurück
Und trifft den Schützen. Sorg auf Sorge schwankt
Mir durch die Brust. Es greift die Furie
Vielleicht den Bruder auf dem Boden wieder
Des ungeweihten Ufers grimmig an?
Entdeckt man sie vielleicht? Mich dünkt, ich höre
Gewaffnete sich nahen! – Hier! – Der Bote
Kommt von dem Könige mit schnellem Schritt.
Es schlägt mein Herz, es trübt sich meine Seele,
Da ich des Mannes Angesicht erblicke,
Dem ich mit falschem Wort begegnen soll.

Zweiter Auftritt

IPHIGENIE. ARKAS.

ARKAS. Beschleunige das Opfer, Priesterin!
Der König wartet und es harrt das Volk.
IPHIGENIE. Ich folgte meiner Pflicht und deinem Wink,

1392 **nicht eigen machen:** nicht begreifen | 1398 **kluges Wort:** einen schlauen Plan | 1400 **das Opfer:** das von Thoas verlangte Menschenopfer | 1403 **zu hinterhalten:** hinterhältig zu sein, jemanden zu hintergehen

Wenn unvermutet nicht ein Hindernis
Sich zwischen mich und die Erfüllung stellte.
ARKAS. Was ist's, das den Befehl des Königs hindert?
IPHIGENIE. Der Zufall, dessen wir nicht Meister sind.
ARKAS. So sage mir's, dass ich's ihm schnell vermelde:
Denn er beschloss bei sich der beiden Tod.
IPHIGENIE. Die Götter haben ihn noch nicht beschlossen.
Der ältste dieser Männer trägt die Schuld
Des nahverwandten Bluts, das er vergoss.
Die Furien verfolgen seinen Pfad,
Ja in dem innern Tempel fasste selbst
Das Übel ihn, und seine Gegenwart
Entheiligte die reine Stätte. Nun
Eil ich mit meinen Jungfraun, an dem Meere
Der Göttin Bild mit frischer Welle netzend
Geheimnisvolle Weihe zu begehn.
Es störe niemand unsern stillen Zug!
ARKAS. Ich melde dieses neue Hindernis
Dem Könige geschwind, beginne du
Das heil'ge Werk nicht eh bis er's erlaubt.
IPHIGENIE. Dies ist allein der Priestrin überlassen.
ARKAS. Solch seltnen Fall soll auch der König wissen.
IPHIGENIE. Sein Rat wie sein Befehl verändert nichts.
ARKAS. Oft wird der Mächtige zum Schein gefragt.
IPHIGENIE. Erdringe nicht, was ich versagen sollte.
ARKAS. Versage nicht, was gut und nützlich ist.
IPHIGENIE. Ich gebe nach, wenn du nicht säumen willst.
ARKAS. Schnell bin ich mit der Nachricht in dem Lager,
Und schnell mit seinen Worten hier zurück.
O könnt ich ihm noch Eine Botschaft bringen,
Die alles löste was uns jetzt verwirrt:
Denn du hast nicht des Treuen Rat geachtet.
IPHIGENIE. Was ich vermochte, hab ich gern getan.
ARKAS. Noch änderst du den Sinn zur rechten Zeit.
IPHIGENIE. Das steht nun einmal nicht in unsrer Macht.
ARKAS. Du hältst unmöglich, was dir Mühe kostet.
IPHIGENIE.
Dir scheint es möglich, weil der Wunsch dich trügt.

1438 **Der Göttin Bild mit frischer Welle netzend:** das Tempelbild der Diana mit Meerwasser reinigend | 1448 **Erdringe:** erzwinge | 1455 **des Treuen Rat:** vgl. V. 156–191

ARKAS. Willst du denn alles so gelassen wagen?
IPHIGENIE. Ich hab es in der Götter Hand gelegt.
ARKAS. Sie pflegen Menschen menschlich zu erretten.
IPHIGENIE. Auf ihren Fingerzeig kommt alles an.
ARKAS. Ich sage dir, es liegt in deiner Hand.
Des Königs aufgebrachter Sinn allein
Bereitet diesen Fremden bittern Tod.
Das Heer entwöhnte längst vom harten Opfer
Und von dem blut'gen Dienste sein Gemüt.
Ja mancher, den ein widriges Geschick
An fremdes Ufer trug, empfand es selbst,
Wie göttergleich dem armen Irrenden,
Umhergetrieben an der fremden Grenze,
Ein freundlich Menschenangesicht begegnet.
O wende nicht von uns was du vermagst!
Du endest leicht was du begonnen hast:
Denn nirgends baut die Milde, die herab
In menschlicher Gestalt vom Himmel kommt,
Ein Reich sich schneller, als wo trüb und wild
Ein neues Volk, voll Leben, Mut und Kraft,
Sich selbst und banger Ahndung überlassen,
Des Menschenlebens schwere Bürden trägt.
IPHIGENIE. Erschüttre meine Seele nicht, die du
Nach deinem Willen nicht bewegen kannst.
ARKAS. So lang es Zeit ist, schont man weder Mühe
Noch eines guten Wortes Wiederholung.
IPHIGENIE. Du machst dir Müh und mir erregst du Schmerzen;
Vergebens beides: darum lass mich nun.
ARKAS. Die Schmerzen sind's, die ich zu Hülfe rufe:
Denn es sind Freunde, Gutes raten sie.
IPHIGENIE. Sie fassen meine Seele mit Gewalt,
Doch tilgen sie den Widerwillen nicht.
ARKAS. Fühlt eine schöne Seele Widerwillen
Für eine Wohltat, die der Edle reicht?
IPHIGENIE. Ja, wenn der Edle, was sich nicht geziemt,
Statt meines Dankes mich erwerben will.
ARKAS. Wer keine Neigung fühlt, dem mangelt es
An einem Worte der Entschuld'gung nie.

1477 ff. **baut die Milde … schneller:** Anspielung auf die wundersame Herkunft Iphigenies und ihr erfolgreiches humanes Wirken auf Tauris | 1480 **neues:** junges, unerfahrenes | 1482 **Bürden:** Lasten

Dem Fürsten sag ich an, was hier geschehn.
O wiederholtest du in deiner Seele,
Wie edel er sich gegen dich betrug
Von deiner Ankunft an bis diesen Tag!

Dritter Auftritt

IPHIGENIE *(allein)*.
Von dieses Mannes Rede fühl ich mir
Zur ungelegnen Zeit das Herz im Busen
Auf einmal umgewendet. Ich erschrecke! –
Denn wie die Flut mit schnellen Strömen wachsend
Die Felsen überspült, die in dem Sand
Am Ufer liegen: so bedeckte ganz
Ein Freudenstrom mein Innerstes. Ich hielt
In meinen Armen das Unmögliche.
Es schien sich eine Wolke wieder sanft
Um mich zu legen, von der Erde mich
Emporzuheben und in jenen Schlummer
Mich einzuwiegen, den die gute Göttin
Um meine Schläfe legte, da ihr Arm
Mich rettend fasste. – Meinen Bruder
Ergriff das Herz mit einziger Gewalt:
Ich horchte nur auf seines Freundes Rat;
Nur sie zu retten drang die Seele vorwärts.
Und wie den Klippen einer wüsten Insel
Der Schiffer gern den Rücken wendet: so
Lag Tauris hinter mir. Nun hat die Stimme
Des treuen Manns mich wieder aufgeweckt,
Dass ich auch Menschen hier verlasse mich
Erinnert. Doppelt wird mir der Betrug
Verhasst. O bleibe ruhig, meine Seele!
Beginnst du nun zu schwanken und zu zweifeln?
Den festen Boden deiner Einsamkeit
Musst du verlassen! Wieder eingeschifft
Ergreifen dich die Wellen schaukelnd, trüb
Und bang verkennest du die Welt und dich.

1517 **einziger:** einzigartiger, außerordentlicher | 1520 **wüsten:** unfruchtbaren

Vierter Auftritt

IPHIGENIE. PYLADES.

PYLADES. Wo ist sie? dass ich ihr mit schnellen Worten
Die frohe Botschaft unsrer Rettung bringe!
IPHIGENIE. Du siehst mich hier voll Sorgen und Erwartung
Des sichern Trostes, den du mir versprichst.
PYLADES. Dein Bruder ist geheilt! Den Felsenboden
Des ungeweihten Ufers und den Sand
Betraten wir mit fröhlichen Gesprächen;
Der Hain blieb hinter uns, wir merkten's nicht.
Und herrlicher und immer herrlicher
Umloderte der Jugend schöne Flamme
Sein lockig Haupt; sein volles Auge glühte
Von Mut und Hoffnung, und sein freies Herz
Ergab sich ganz der Freude, ganz der Lust,
Dich seine Retterin und mich zu retten.
IPHIGENIE. Gesegnet seist du, und es möge nie
Von deiner Lippe, die so Gutes sprach,
Der Ton des Leidens und der Klage tönen!
PYLADES. Ich bringe mehr als das: denn schön begleitet,
Gleich einem Fürsten pflegt das Glück zu nahn.
Auch die Gefährten haben wir gefunden.
In einer Felsenbucht verbargen sie
Das Schiff und saßen traurig und erwartend.
Sie sahen deinen Bruder, und es regten
Sich alle jauchzend, und sie baten dringend
Der Abfahrt Stunde zu beschleunigen.
Es sehnet jede Faust sich nach dem Ruder,
Und selbst ein Wind erhob vom Lande lispelnd,
Von allen gleich bemerkt, die holden Schwingen.
Drum lass uns eilen, führe mich zum Tempel,
Lass mich das Heiligtum betreten, lass
Mich unsrer Wünsche Ziel verehrend fassen.
Ich bin allein genug der Göttin Bild
Auf wohl geübten Schultern wegzutragen;
Wie sehn ich mich nach der erwünschten Last!

(Er geht gegen den Tempel unter den letzten Worten, ohne zu bemerken, dass Iphigenie nicht folgt; endlich kehrt er sich um.)
Du stehst und zauderst – sage mir – du schweigst!
Du scheinst verworren! Widersetzet sich
Ein neues Unheil unserm Glück? Sag an!
Hast du dem Könige das kluge Wort
Vermelden lassen, das wir abgeredet?

IPHIGENIE. Ich habe, teurer Mann; doch wirst du schelten.
Ein schweigender Verweis war mir dein Anblick!
Des Königs Bote kam, und wie du es
Mir in den Mund gelegt, so sagt ich's ihm.
Er schien zu staunen, und verlangte dringend
Die seltne Feier erst dem Könige
Zu melden, seinen Willen zu vernehmen;
Und nun erwart ich seine Wiederkehr.

PYLADES. Weh uns! Erneuert schwebt nun die Gefahr
Um unsre Schläfe! Warum hast du nicht
Ins Priesterrecht dich weislich eingehüllt?

IPHIGENIE. Als eine Hülle hab ich's nie gebraucht.

PYLADES. So wirst du, reine Seele, dich und uns
Zu Grunde richten. Warum dacht ich nicht
Auf diesen Fall voraus, und lehrte dich
Auch dieser Fordrung auszuweichen!

IPHIGENIE. Schilt
Nur mich, die Schuld ist mein, ich fühl es wohl;
Doch konnt ich anders nicht dem Mann begegnen,
Der mit Vernunft und Ernst von mir verlangte,
Was ihm mein Herz als recht gestehen musste.

PYLADES. Gefährlicher zieht sich's zusammen; doch auch so
Lass uns nicht zagen, oder unbesonnen
Und übereilt uns selbst verraten. Ruhig
Erwarte du die Wiederkunft des Boten,
Und dann steh fest, er bringe was er will:
Denn solcher Weihung Feier anzuordnen
Gehört der Priesterin und nicht dem König.
Und fordert er den fremden Mann zu sehn,
Der von dem Wahnsinn schwer belastet ist;
So lehn es ab, als hieltest du uns beide

1576 **Die seltne Feier:** die angeblich notwendige rituelle Reinigung des Göttinnenbildes | 1581 **weislich:** klug, geschickt | 1582 **Hülle:** Vorwand

Im Tempel wohl verwahrt. So schaff uns Luft,
Dass wir aufs eiligste, den heil'gen Schatz
Dem rau unwürd'gen Volk entwendend, fliehn.
Die besten Zeichen sendet uns Apoll,
Und, eh wir die Bedingung fromm erfüllen,
Erfüllt er göttlich sein Versprechen schon.
Orest ist frei, geheilt! – Mit dem Befreiten
O führet uns hinüber, günst'ge Winde,
Zur Felseninsel die der Gott bewohnt;
Dann nach Mycen, dass es lebendig werde,
Dass von der Asche des verloschnen Herdes
Die Vatergötter fröhlich sich erheben,
Und schönes Feuer ihre Wohnungen
Umleuchte! Deine Hand soll ihnen Weihrauch
Zuerst aus goldnen Schalen streuen. Du
Bringst über jene Schwelle Heil und Leben wieder,
Entsühnst den Fluch und schmückest neu die Deinen
Mit frischen Lebensblüten herrlich aus.

IPHIGENIE. Vernehm ich dich, so wendet sich, o Teurer,
Wie sich die Blume nach der Sonne wendet,
Die Seele, von dem Strahle deiner Worte
Getroffen, sich dem süßen Troste nach.
Wie köstlich ist des gegenwärt'gen Freundes
Gewisse Rede, deren Himmelskraft
Ein Einsamer entbehrt und still versinkt.
Denn langsam reift, verschlossen in dem Busen,
Gedank ihm und Entschluss; die Gegenwart
Des Liebenden entwickelte sie leicht.

PYLADES. Leb wohl! Die Freunde will ich nun geschwind
Beruhigen, die sehnlich wartend harren.
Dann komm ich schnell zurück und lausche hier
Im Felsenbusch versteckt auf deinen Wink –
Was sinnest du? Auf einmal überschwebt
Ein stiller Trauerzug die freie Stirne.

IPHIGENIE. Verzeih! Wie leichte Wolken vor der Sonne,
So zieht mir vor der Seele leichte Sorge
Und Bangigkeit vorüber.

PYLADES. Fürchte nicht!

1602 **den heil'gen Schatz:** Dianas Kultbild | 1609 **Felseninsel:** Delphi mit der Kultstätte Apolls | 1624 **Gewisse:** klare und überlegte | 1627 **ihm:** dem Einsamen (der nicht durch Gespräche angeregt wird)

Betrüglich schloss die Furcht mit der Gefahr
Ein enges Bündnis; beide sind Gesellen.
IPHIGENIE. Die Sorge nenn ich edel, die mich warnt,
Den König, der mein zweiter Vater ward,
Nicht tückisch zu betrügen, zu berauben.
PYLADES. Der deinen Bruder schlachtet, dem entfliehst du.
IPHIGENIE. Es ist derselbe, der mir Gutes tat.
PYLADES. Das ist nicht Undank, was die Not gebeut.
IPHIGENIE. Es bleibt wohl Undank; nur die Not entschuldigt's.
PYLADES. Vor Göttern und vor Menschen dich gewiss.
IPHIGENIE. Allein mein eigen Herz ist nicht befriedigt.
PYLADES. Zu strenge Fordrung ist verborgner Stolz.
IPHIGENIE. Ich untersuche nicht, ich fühle nur.
PYLADES. Fühlst du dich recht, so musst du dich verehren.
IPHIGENIE. Ganz unbefleckt genießt sich nur das Herz.
PYLADES. So hast du dich im Tempel wohl bewahrt;
Das Leben lehrt uns, weniger mit uns
Und andern strenge sein; du lernst es auch.
So wunderbar ist dies Geschlecht gebildet;
So vielfach ist's verschlungen und verknüpft,
Dass keiner in sich selbst, noch mit den andern
Sich rein und unverworren halten kann.
Auch sind wir nicht bestellt uns selbst zu richten;
Zu wandeln und auf seinen Weg zu sehen
Ist eines Menschen erste, nächste Pflicht:
Denn selten schätzt er recht was er getan,
Und was er tut weiß er fast nie zu schätzen.
IPHIGENIE. Fast überredst du mich zu deiner Meinung.
PYLADES. Braucht's Überredung wo die Wahl versagt ist?
Den Bruder, dich, und einen Freund zu retten
Ist nur Ein Weg; fragt sich's ob wir ihn gehn?
IPHIGENIE. O lass mich zaudern! denn du tätest selbst
Ein solches Unrecht keinem Mann gelassen,
Dem du für Wohltat dich verpflichtet hieltest.
PYLADES. Wenn wir zu Grunde gehen, wartet dein
Ein härtrer Vorwurf, der Verzweiflung trägt.
Man sieht, du bist nicht an Verlust gewohnt,

1638 f. **Betrüglich … Gesellen:** vgl. die Prosafassung (1781): »Nur in der Furcht ist die Gefahr« | 1645 **die Not gebeut:** die Not der Situation gebietet | 1656 **dies Geschlecht:** das Menschengeschlecht | 1663 **schätzt er recht:** kann er richtig einschätzen

Da du dem großen Übel zu entgehen
Ein falsches Wort nicht einmal opfern willst.

IPHIGENIE. O trüg ich doch ein männlich Herz in mir,
Das, wenn es einen kühnen Vorsatz hegt,
Vor jeder andern Stimme sich verschließt!

PYLADES. Du weigerst dich umsonst; die eh'rne Hand
Der Not gebietet, und ihr ernster Wink
Ist oberstes Gesetz, dem Götter selbst
Sich unterwerfen müssen. Schweigend herrscht
Des ew'gen Schicksals unberatne Schwester.
Was sie dir auferlegt, das trage; tu
Was sie gebeut. Das andre weißt du. Bald
Komm ich zurück, aus deiner heil'gen Hand
Der Rettung schönes Siegel zu empfangen.

Fünfter Auftritt

IPHIGENIE. Ich muss ihm folgen: denn die Meinigen
Seh ich in dringender Gefahr. Doch ach!
Mein eigen Schicksal macht mir bang und bänger.
O soll ich nicht die stille Hoffnung retten,
Die in der Einsamkeit ich schön genährt?
Soll dieser Fluch denn ewig walten? Soll
Nie dies Geschlecht mit einem neuen Segen
Sich wieder heben? – Nimmt doch alles ab!
Das beste Glück, des Lebens schönste Kraft
Ermattet endlich! Warum nicht der Fluch?
So hofft ich denn vergebens, hier verwahrt,
Von meines Hauses Schicksal abgeschieden,
Dereinst mit reiner Hand und reinem Herzen
Die schwer befleckte Wohnung zu entsühnen.
Kaum wird in meinen Armen mir ein Bruder
Vom grimm'gen Übel wundervoll und schnell
Geheilt; kaum naht ein lang erflehtes Schiff
Mich in den Port der Vaterwelt zu leiten:
So legt die taube Not ein doppelt Laster
Mit eh'rner Hand mir auf: das heilige,

1681 **Not:** Ananke, die Göttin der Naturnotwendigkeit; vgl. Anm. zu V. 1681 | 1684 **Des ew'gen Schicksals:** der Schicksalsgöttin Tyche | 1707 **die taube Not:** der Sachzwang der Situation

Mir anvertraute, viel verehrte Bild
Zu rauben und den Mann zu hintergehn,
Dem ich mein Leben und mein Schicksal danke.
O dass in meinem Busen nicht zuletzt
Ein Widerwillen keime! der Titanen,
Der alten Götter tiefer Hass auf euch,
Olympier, nicht auch die zarte Brust
Mit Geierklauen fasse! Rettet mich,
Und rettet euer Bild in meiner Seele!

Vor meinen Ohren tönt das alte Lied –
Vergessen hatt ich's und vergaß es gern –
Das Lied der Parzen, das sie grausend sangen,
Als Tantalus vom goldnen Stuhle fiel:
Sie litten mit dem edlen Freunde; grimmig
War ihre Brust, und furchtbar ihr Gesang.
In unsrer Jugend sang's die Amme mir
Und den Geschwistern vor, ich merkt es wohl.

Es fürchte die Götter
Das Menschengeschlecht!
Sie halten die Herrschaft
In ewigen Händen,
Und können sie brauchen
Wie's ihnen gefällt.

Der fürchte sie doppelt
Den je sie erheben!
Auf Klippen und Wolken
Sind Stühle bereitet
Um goldene Tische.

Erhebet ein Zwist sich:
So stürzen die Gäste
Geschmäht und geschändet
In nächtliche Tiefen,
Und harren vergebens,
Im Finstern gebunden,
Gerechten Gerichtes.

1720 **Parzen:** Schicksalsgöttinnen, vgl. Fußn. zu V. 1340

Sie aber, sie bleiben
In ewigen Festen
An goldenen Tischen.
Sie schreiten vom Berge
Zu Bergen hinüber:
Aus Schlünden der Tiefe
Dampft ihnen der Atem
Erstickter Titanen,
Gleich Opfergerüchen,
Ein leichtes Gewölke.

Es wenden die Herrscher
Ihr segnendes Auge
Von ganzen Geschlechtern,
Und meiden, im Enkel
Die ehmals geliebten,
Still redenden Züge
Des Ahnherrn zu sehn.

So sangen die Parzen;
Es horcht der Verbannte,
In nächtlichen Höhlen
Der Alte die Lieder,
Denkt Kinder und Enkel
Und schüttelt das Haupt.

Fünfter Aufzug

Erster Auftritt

THOAS. ARKAS.

ARKAS. Verwirrt muss ich gestehn dass ich nicht weiß,
Wohin ich meinen Argwohn richten soll.
Sind's die Gefangnen, die auf ihre Flucht
Verstohlen sinnen? Ist's die Priesterin,

1760/1762/1764 **Ahnherrn/Verbannte/Alte:** Tantalos

Die ihnen hilft? Es mehrt sich das Gerücht:
Das Schiff, das diese beiden hergebracht,
Sei irgend noch in einer Bucht versteckt.
Und jenes Mannes Wahnsinn, diese Weihe,
Der heil'ge Vorwand dieser Zögrung, rufen
Den Argwohn lauter und die Vorsicht auf.

THOAS. Es komme schnell die Priesterin herbei!
Dann geht, durchsucht das Ufer scharf und schnell
Vom Vorgebirge bis zum Hain der Göttin.
Verschonet seine heil'gen Tiefen, legt
Bedächt'gen Hinterhalt und greift sie an;
Wo ihr sie findet, fasst sie wie ihr pflegt.

Zweiter Auftritt

THOAS *(allein)*.
Entsetzlich wechselt mir der Grimm im Busen;
Erst gegen sie, die ich so heilig hielt;
Dann gegen mich, der ich sie zum Verrat
Durch Nachsicht und durch Güte bildete.
Zur Sklaverei gewöhnt der Mensch sich gut
Und lernet leicht gehorchen, wenn man ihn
Der Freiheit ganz beraubt. Ja, wäre sie
In meiner Ahnherrn rohe Hand gefallen,
Und hätte sie der heil'ge Grimm verschont:
Sie wäre froh gewesen, sich allein
Zu retten, hätte dankbar ihr Geschick
Erkannt und fremdes Blut vor dem Altar
Vergossen, hätte Pflicht genannt
Was Not war. Nun lockt meine Güte
In ihrer Brust verwegnen Wunsch herauf.
Vergebens hofft ich, sie mir zu verbinden;
Sie sinnt sich nun ein eigen Schicksal aus.
Durch Schmeichelei gewann sie mir das Herz;
Nun widersteh ich der: so sucht sie sich
Den Weg durch List und Trug, und meine Güte
Scheint ihr ein alt verjährtes Eigentum.

1791 **der heil'ge Grimm:** die kultische Opferung Fremder | 1803 **alt verjährtes:** durch Gewohnheit selbstverständlich gewordenes

Dritter Auftritt

IPHIGENIE. THOAS.

IPHIGENIE. Du foderst mich! was bringt dich zu uns her?
THOAS. Du schiebst das Opfer auf; sag an, warum?
IPHIGENIE. Ich hab an Arkas alles klar erzählt.
THOAS. Von dir möcht ich es weiter noch vernehmen.
IPHIGENIE. Die Göttin gibt dir Frist zur Überlegung.
THOAS. Sie scheint dir selbst gelegen, diese Frist.
IPHIGENIE. Wenn dir das Herz zum grausamen Entschluss
Verhärtet ist: so solltest du nicht kommen!
Ein König, der Unmenschliches verlangt,
Findt Diener g'nug, die gegen Gnad und Lohn
Den halben Fluch der Tat begierig fassen;
Doch seine Gegenwart bleibt unbefleckt.
Er sinnt den Tod in einer schweren Wolke,
Und seine Boten bringen flammendes
Verderben auf des Armen Haupt hinab;
Er aber schwebt durch seine Höhen ruhig,
Ein unerreichter Gott, im Sturme fort.
THOAS. Die heil'ge Lippe tönt ein wildes Lied.
IPHIGENIE. Nicht Priesterin! nur Agamemnons Tochter.
Der Unbekannten Wort verehrtest du,
Der Fürstin willst du rasch gebieten? Nein!
Von Jugend auf hab ich gelernt gehorchen,
Erst meinen Eltern und dann einer Gottheit,
Und folgsam fühlt ich immer meine Seele
Am schönsten frei; allein dem harten Worte,
Dem rauen Ausspruch eines Mannes mich
Zu fügen, lernt ich weder dort noch hier.
THOAS. Ein alt Gesetz, nicht ich, gebietet dir.
IPHIGENIE. Wir fassen ein Gesetz begierig an,
Das unsrer Leidenschaft zur Waffe dient.
Ein andres spricht zu mir, ein älteres,
Mich dir zu widersetzen, das Gebot,
Dem jeder Fremde heilig ist.
THOAS. Es scheinen die Gefangnen dir sehr nah
Am Herzen: denn für Anteil und Bewegung

1814 **begierig:** bereitwillig | 1815 **seine Gegenwart:** die Person des Königs | 1816 **sinnt:** plant

Vergissest du der Klugheit erstes Wort,
Dass man den Mächtigen nicht reizen soll.
IPHIGENIE. Red oder schweig ich; immer kannst du wissen,
Was mir im Herzen ist und immer bleibt.
Löst die Erinnerung des gleichen Schicksals
Nicht ein verschlossnes Herz zum Mitleid auf?
Wie mehr denn meins! In ihnen seh ich mich.
Ich habe vorm Altare selbst gezittert,
Und feierlich umgab der frühe Tod
Die Knieende; das Messer zuckte schon
Den lebenvollen Busen zu durchbohren;
Mein Innerstes entsetzte wirbelnd sich,
Mein Auge brach, und – ich fand mich gerettet.
Sind wir, was Götter gnädig uns gewährt,
Unglücklichen nicht zu erstatten schuldig?
Du weißt es, kennst mich, und du willst mich zwingen!
THOAS. Gehorche deinem Dienste, nicht dem Herrn.
IPHIGENIE. Lass ab! beschönige nicht die Gewalt,
Die sich der Schwachheit eines Weibes freut.
Ich bin so frei geboren als ein Mann.
Stünd Agamemnons Sohn dir gegenüber,
Und du verlangtest was sich nicht gebührt:
So hat auch Er ein Schwert und einen Arm,
Die Rechte seines Busens zu verteid'gen.
Ich habe nichts als Worte, und es ziemt
Dem edlen Mann, der Frauen Wort zu achten.
THOAS. Ich acht es mehr als eines Bruders Schwert.
IPHIGENIE. Das Los der Waffen wechselt hin und her:
Kein kluger Streiter hält den Feind gering.
Auch ohne Hülfe gegen Trutz und Härte
Hat die Natur den Schwachen nicht gelassen.
Sie gab zur List ihm Freude, lehrt' ihn Künste;
Bald weicht er aus, verspätet und umgeht.
Ja der Gewaltige verdient, dass man sie übt.
THOAS. Die Vorsicht stellt der List sich klug entgegen.
IPHIGENIE. Und eine reine Seele braucht sie nicht.
THOAS. Sprich unbehutsam nicht dein eigen Urteil.
IPHIGENIE. O sähest du wie meine Seele kämpft,

1871 **verspätet:** verzögert | 1872 **übt:** ausübt, anwendet

Ein bös Geschick, das sie ergreifen will,
Im ersten Anfall mutig abzutreiben!
So steh ich denn hier wehrlos gegen dich?
↗ Die schöne Bitte, den anmut'gen Zweig,
In einer Frauen Hand gewaltiger
Als Schwert und Waffe, stößest du zurück:
Was bleibt mir nun mein Innres zu verteid'gen?
Ruf ich die Göttin um ein Wunder an?
Ist keine Kraft in meiner Seele Tiefen?

THOAS. Es scheint, der beiden Fremden Schicksal macht
Unmäßig dich besorgt. Wer sind sie? Sprich!
Für die dein Geist gewaltig sich erhebt.

IPHIGENIE. Sie sind – sie scheinen – für Griechen halt ich sie.

THOAS. Landsleute sind es? und sie haben wohl
Der Rückkehr schönes Bild in dir erneut?

IPHIGENIE *(nach einigem Stillschweigen).*
Hat denn zur unerhörten Tat der Mann
Allein das Recht? Drückt denn Unmögliches
Nur Er an die gewalt'ge Heldenbrust?
Was nennt man groß? Was hebt die Seele schaudernd
Dem immer wiederholenden Erzähler?
Als was mit unwahrscheinlichem Erfolg
↗ Der Mutigste begann. Der in der Nacht
Allein das Heer des Feindes überschleicht,
Wie unversehen eine Flamme wütend
Die Schlafenden, Erwachenden ergreift,
Zuletzt gedrängt von den Ermunterten
Auf Feindes Pferden, doch mit Beute kehrt,
↗ Wird der allein gepriesen? der allein,
Der einen sichern Weg verachtend kühn
Gebirg und Wälder durchzustreifen geht,
Dass er von Räubern eine Gegend säubre?
Ist uns nichts übrig? Muss ein zartes Weib
Sich ihres angebornen Rechts entäußern,
Wild gegen Wilde sein, wie Amazonen
Das Recht des Schwerts euch rauben und mit Blute
Die Unterdrückung rächen? Auf und ab
Steigt in der Brust ein kühnes Unternehmen:

1880 **anmut'gen Zweig:** Zweig als Zeichen der Bitte. Vgl. Anm. zu V. 1880

Ich werde großem Vorwurf nicht entgehn,
Noch schwerem Übel wenn es mir misslingt;
Allein Euch leg ich's auf die Kniee! Wenn
Ihr wahrhaft seid, wie ihr gepriesen werdet;
So zeigt's durch euern Beistand und verherrlicht
Durch mich die Wahrheit! – Ja, vernimm, o König,
Es wird ein heimlicher Betrug geschmiedet;
Vergebens fragst du den Gefangnen nach;
Sie sind hinweg und suchen ihre Freunde,
Die mit dem Schiff am Ufer warten, auf.
Der ältste, den das Übel hier ergriffen
Und nun verlassen hat – es ist Orest,
Mein Bruder, und der andre sein Vertrauter,
Sein Jugendfreund, mit Namen Pylades.
Apoll schickt sie von Delphi diesem Ufer
Mit göttlichen Befehlen zu, das Bild
Dianens wegzurauben und zu ihm
Die Schwester hinzubringen, und dafür
Verspricht er dem von Furien Verfolgten,
Des Mutterblutes Schuldigen, Befreiung.
Uns beide hab ich nun, die Überbliebnen
Von Tantals Haus, in deine Hand gelegt:
Verdirb uns – wenn du darfst.

THOAS. Du glaubst, es höre
Der rohe Skythe, der Barbar, die Stimme
Der Wahrheit und der Menschlichkeit, die Atreus,
Der Grieche, nicht vernahm?

IPHIGENIE. Es hört sie jeder,
Geboren unter jedem Himmel, dem
Des Lebens Quelle durch den Busen rein
Und ungehindert fließt. – Was sinnst du mir,
O König, schweigend in der tiefen Seele?
Ist es Verderben? so töte mich zuerst!
Denn nun empfind ich, da uns keine Rettung
Mehr übrig bleibt, die grässliche Gefahr,
Worein ich die Geliebten übereilt
Vorsetzlich stürzte. Weh! ich werde sie
Gebunden vor mir sehn! Mit welchen Blicken

1916 **Euch leg ich's auf die Kniee:** Euch Götter bitte ich voller Vertrauen um eine Entscheidung | 1949 **Gebunden:** gefesselt

Kann ich von meinem Bruder Abschied nehmen,
Den ich ermorde? Nimmer kann ich ihm
Mehr in die vielgeliebten Augen schaun!

THOAS. So haben die Betrüger künstlich-dichtend
Der lang Verschlossnen, ihre Wünsche leicht
Und willig Glaubenden, ein solch Gespinst
Ums Haupt geworfen!

IPHIGENIE. Nein! o König, nein!
Ich könnte hintergangen werden; diese
Sind treu und wahr. Wirst du sie anders finden,
So lass sie fallen und verstoße mich,
Verbanne mich zur Strafe meiner Torheit
An einer Klippen-Insel traurig Ufer.
Ist aber dieser Mann der langerflehte,
Geliebte Bruder: so entlass uns, sei
Auch den Geschwistern wie der Schwester freundlich.
Mein Vater fiel durch seiner Frauen Schuld,
Und sie durch ihren Sohn. Die letzte Hoffnung
Von Atreus' Stamme ruht auf ihm allein.
Lass mich mit reinem Herzen, reiner Hand,
Hinübergehn und unser Haus entsühnen.
Du hältst mir Wort! – Wenn zu den Meinen je
Mir Rückkehr zubereitet wäre, schwurst
Du mich zu lassen; und sie ist es nun.
Ein König sagt nicht, wie gemeine Menschen,
Verlegen zu, dass er den Bittenden
Auf einen Augenblick entferne; noch
Verspricht er auf den Fall den er nicht hofft:
Dann fühlt er erst die Höhe seiner Würde,
Wenn er den Harrenden beglücken kann.

THOAS. Unwillig, wie sich Feuer gegen Wasser
Im Kampfe wehrt und gischend seinen Feind
Zu tilgen sucht, so wehret sich der Zorn
In meinem Busen gegen deine Worte.

IPHIGENIE.
O lass die Gnade, wie das heil'ge Licht
Der stillen Opferflamme, mir umkränzt
Von Lobgesang und Dank und Freude lodern.

1953 **künstlich-dichtend:** raffiniert und erfinderisch | 1973 **gemeine:** gewöhnliche | 1974 f. **dass er … entferne:** um den Bittsteller loszuwerden | 1976 **den er nicht hofft:** den er befürchtet

THOAS. Wie oft besänftigte mich diese Stimme!
IPHIGENIE. O reiche mir die Hand zum Friedenszeichen.
THOAS. Du forderst viel in einer kurzen Zeit.
IPHIGENIE. Um Guts zu tun braucht's keiner Überlegung.
THOAS. Sehr viel! denn auch dem Guten folgt das Übel.
IPHIGENIE. Der Zweifel ist's, der Gutes böse macht.
Bedenke nicht; gewähre wie du's fühlst.

Vierter Auftritt

OREST *gewaffnet.* DIE VORIGEN.

OREST *(nach der Szene gekehrt).*
Verdoppelt eure Kräfte! Haltet sie
Zurück! Nur wenig Augenblicke! Weicht
Der Menge nicht, und deckt den Weg zum Schiffe
Mir und der Schwester.
(Zu Iphigenien, ohne den König zu sehen.)
Komm, wir sind verraten;
Geringer Raum bleibt uns zur Flucht. Geschwind!
(Er erblickt den König.)
THOAS *(nach dem Schwerte greifend).*
In meiner Gegenwart führt ungestraft
Kein Mann das nackte Schwert.
IPHIGENIE. Entheiliget
Der Göttin Wohnung nicht durch Wut und Mord.
Gebietet euerm Volke Stillstand, höret
Die Priesterin, die Schwester.
OREST. Sage mir!
Wer ist es, der uns droht?
IPHIGENIE. Verehr in ihm
Den König, der mein zweiter Vater ward!
Verzeih mir, Bruder; doch mein kindlich Herz
Hat unser ganz Geschick in seine Hand
Gelegt. Gestanden hab ich euern Anschlag
Und meine Seele vom Verrat gerettet.
OREST. Will er die Rückkehr friedlich uns gewähren?

2007 **Anschlag:** Plan (also den Raub des Kultbildes)

IPHIGENIE.
Dein blinkend Schwert verbietet mir die Antwort.
OREST *(der das Schwert einsteckt).*
So sprich! du siehst ich horche deinen Worten.

Fünfter Auftritt

DIE VORIGEN. PYLADES. *Bald nach ihm* ARKAS, *beide mit bloßen Schwertern.*

PYLADES. Verweilet nicht! Die letzten Kräfte raffen
Die Unsrigen zusammen; weichend werden
Sie nach der See langsam zurückgedrängt.
Welch ein Gespräch der Fürsten find ich hier!
Dies ist des Königes verehrtes Haupt!
ARKAS. Gelassen, wie es dir, o König, ziemt,
Stehst du den Feinden gegenüber. Gleich
Ist die Verwegenheit bestraft; es weicht
Und fällt ihr Anhang, und ihr Schiff ist unser.
Ein Wort von dir; so steht's in Flammen.
THOAS. Geh!
Gebiete Stillstand meinem Volke! Keiner
Beschädige den Feind, so lang wir reden.
(Arkas ab.)
OREST. Ich nehm es an. Geh, sammle, treuer Freund,
Den Rest des Volkes; harret still, welch Ende
Die Götter unsern Taten zubereiten.
(Pylades ab.)

Sechster Auftritt

IPHIGENIE. THOAS. OREST.

IPHIGENIE. Befreit von Sorge mich, eh ihr zu sprechen
Beginnet. Ich befürchte bösen Zwist,
Wenn du, o König, nicht der Billigkeit
Gelinde Stimme hörest; du, mein Bruder,
Der raschen Jugend nicht gebieten willst.

2029 f. **der Billigkeit / Gelinde Stimme hörest:** die Leidenschaften zügelst und zuhörst

THOAS. Ich halte meinen Zorn, wie es dem Ältern
Geziemt, zurück. Antworte mir! Womit
Bezeugst du, dass du Agamemnons Sohn
Und dieser Bruder bist?
OREST. Hier ist das Schwert,
Mit dem er Trojas tapfre Männer schlug.
Dies nahm ich seinem Mörder ab, und bat
Die Himmlischen, den Mut und Arm, das Glück
Des großen Königes mir zu verleihn,
Und einen schönern Tod mir zu gewähren.
Wähl einen aus den Edlen deines Heers
Und stelle mir den Besten gegenüber.
So weit die Erde Heldensöhne nährt,
Ist keinem Fremdling dies Gesuch verweigert.
THOAS. Dies Vorrecht hat die alte Sitte nie
Dem Fremden hier gestattet.
OREST. So beginne
Die neue Sitte denn von dir und mir!
Nachahmend heiliget ein ganzes Volk
Die edle Tat der Herrscher zum Gesetz.
Und lass mich nicht allein für unsre Freiheit,
Lass mich, den Fremden für die Fremden, kämpfen.
Fall ich, so ist ihr Urteil mit dem meinen
Gesprochen: aber gönnet mir das Glück
Zu überwinden; so betrete nie
Ein Mann dies Ufer, dem der schnelle Blick
Hülfreicher Liebe nicht begegnet, und
Getröstet scheide jeglicher hinweg!
THOAS. Nicht unwert scheinest du, o Jüngling, mir
Der Ahnherrn, deren du dich rühmst, zu sein.
Groß ist die Zahl der edeln, tapfern Männer,
Die mich begleiten; doch ich stehe selbst
In meinen Jahren noch dem Feinde, bin
Bereit mit dir der Waffen Los zu wagen.
IPHIGENIE. Mitnichten! Dieses blutigen Beweises
Bedarf es nicht, o König! Lasst die Hand
Vom Schwerte! Denkt an mich und mein Geschick.
Der rasche Kampf verewigt einen Mann:

2054 **Zu überwinden:** zu siegen

Er falle gleich, so preiset ihn das Lied.
Allein die Tränen, die unendlichen
Der überbliebnen, der verlassnen Frau,
Zählt keine Nachwelt, und der Dichter schweigt
Von tausend durchgeweinten Tag- und Nächten,
Wo eine stille Seele den verlornen,
Rasch abgeschiednen Freund vergebens sich
Zurückzurufen bangt und sich verzehrt.
Mich selbst hat eine Sorge gleich gewarnt,
Dass der Betrug nicht eines Räubers mich
Vom sichern Schutzort reiße, mich der Knechtschaft
Verrate. Fleißig hab ich sie befragt,
Nach jedem Umstand mich erkundigt, Zeichen
Gefordert, und gewiss ist nun mein Herz.
Sieh hier an seiner rechten Hand das Mal
Wie von drei Sternen, das am Tage schon
Da er geboren ward, sich zeigte, das
Auf schwere Tat mit dieser Faust zu üben
Der Priester deutete. Dann überzeugt
Mich doppelt diese Schramme, die ihm hier
Die Augenbraue spaltet. Als ein Kind
Ließ ihn Elektra, rasch und unvorsichtig
Nach ihrer Art, aus ihren Armen stürzen.
Er schlug auf einen Dreifuß auf – Er ist's –
Soll ich dir noch die Ähnlichkeit des Vaters,
Soll ich das innre Jauchzen meines Herzens
Dir auch als Zeugen der Versichrung nennen?

THOAS.

Und hübe deine Rede jeden Zweifel
Und bändigt' ich den Zorn in meiner Brust:
So würden doch die Waffen zwischen uns
Entscheiden müssen; Friede seh ich nicht.
Sie sind gekommen, du bekennest selbst,
Das heil'ge Bild der Göttin mir zu rauben.
Glaubt ihr, ich sehe dies gelassen an?
Der Grieche wendet oft sein lüstern Auge
Den fernen Schätzen der Barbaren zu,
Dem goldnen Felle, Pferden, schönen Töchtern;

2104 **Dem goldnen Felle:** dem goldenen Vlies, das Jason und die Argonauten bei den Kolchern erbeuteten

Doch führte sie Gewalt und List nicht immer
Mit den erlangten Gütern glücklich heim.
OREST. Das Bild, o König, soll uns nicht entzweien!
Jetzt kennen wir den Irrtum, den ein Gott
Wie einen Schleier um das Haupt uns legte,
Da er den Weg hierher uns wandern hieß.
Um Rat und um Befreiung bat ich ihn
Von dem Geleit der Furien; er sprach:
»Bringst du die Schwester, die an Tauris' Ufer
Im Heiligtume wider Willen bleibt,
Nach Griechenland; so löset sich der Fluch.«
Wir legten's von Apollens Schwester aus,
Und er gedachte *dich*! Die strengen Bande
Sind nun gelöst; du bist den Deinen wieder,
Du Heilige, geschenkt. Von dir berührt
War ich geheilt; in deinen Armen fasste
Das Übel mich mit allen seinen Klauen
Zum letzten Mal, und schüttelte das Mark
Entsetzlich mir zusammen; dann entfloh's
Wie eine Schlange zu der Höhle. Neu
Genieß ich nun durch dich das weite Licht
Des Tages. Schön und herrlich zeigt sich mir
Der Göttin Rat. Gleich einem heil'gen Bilde, ↗
Daran der Stadt unwandelbar Geschick
Durch ein geheimes Götterwort gebannt ist,
Nahm sie dich weg, dich Schützerin des Hauses;
Bewahrte dich in einer heil'gen Stille
Zum Segen deines Bruders und der Deinen.
Da alle Rettung auf der weiten Erde
Verloren schien, gibst du uns alles wieder.
Lass deine Seele sich zum Frieden wenden,
O König! Hindre nicht, dass sie die Weihe
Des väterlichen Hauses nun vollbringe,
Mich der entsühnten Halle wiedergebe,
Mir auf das Haupt die alte Krone drücke!
Vergilt den Segen, den sie dir gebracht,
Und lass des nähern Rechtes mich genießen!
Gewalt und List, der Männer höchster Ruhm,

2141 **des nähern Rechtes:** des Rechts Orests, der infolge seiner Bruderschaft der Näherstehende ist

Wird durch die Wahrheit dieser hohen Seele
Beschämt, und reines kindliches Vertrauen
Zu einem edeln Manne wird belohnt.

IPHIGENIE. Denk an dein Wort, und lass durch diese Rede
Aus einem graden treuen Munde dich
Bewegen! Sieh uns an! Du hast nicht oft
Zu solcher edeln Tat Gelegenheit.
Versagen kannst du's nicht; gewähr es bald.

THOAS. So geht!

IPHIGENIE. Nicht so, mein König! Ohne Segen,
In Widerwillen, scheid ich nicht von dir.
Verbann uns nicht! Ein freundlich Gastrecht walte
Von dir zu uns: so sind wir nicht auf ewig
Getrennt und abgeschieden. Wert und teuer
Wie mir mein Vater war, so bist du's mir,
Und dieser Eindruck bleibt in meiner Seele.
Bringt der Geringste deines Volkes je
Den Ton der Stimme mir ins Ohr zurück,
Den ich an euch gewohnt zu hören bin,
Und seh ich an dem Ärmsten eure Tracht;
Empfangen will ich ihn wie einen Gott,
Ich will ihm selbst ein Lager zubereiten,
Auf einen Stuhl ihn an das Feuer laden,
Und nur nach dir und deinem Schicksal fragen.
O geben dir die Götter deiner Taten
Und deiner Milde wohlverdienten Lohn!
Leb wohl! O wende dich zu uns und gib
Ein holdes Wort des Abschieds mir zurück!
Dann schwellt der Wind die Segel sanfter an,
Und Tränen fließen lindernder vom Auge
Des Scheidenden. Leb wohl! und reiche mir
Zum Pfand der alten Freundschaft deine Rechte.

THOAS. Lebt wohl!

Anhang

1. Zur Textgestalt

Der Werktext der vorliegenden Ausgabe ist seiten- und zeilengleich mit der Ausgabe der Universal-Bibliothek Nr. 83; er folgt dem Erstdruck:

Goethe's Schriften. Dritter Band. Leipzig, bey Georg Joachim Göschen. 1787. (Darin: *Iphigenie auf Tauris.*)

Die Orthographie wurde auf der Grundlage der gültigen amtlichen Rechtschreibregeln behutsam modernisiert; der originale Lautstand und grammatische Eigenheiten blieben gewahrt. Die Interpunktion folgt der Druckvorlage.

Zu den Wort- und Sacherläuterungen

Die Wort- und Sacherläuterungen basieren in Teilen auf den Erläuterungen in: Johann Wolfgang Goethe, *Iphigenie auf Tauris. Ein Schauspiel*, Anm. von Joachim Angst und Fritz Hackert, Stuttgart: Reclam, 1993 [u. ö.], und: Benedikt Jeßing, *Erläuterungen und Dokumente. Johann Wolfgang Goethe, »Iphigenie auf Tauris«*, Stuttgart: Reclam, 2002 [u. ö.].

[Personen] **Taurier:** barbarisches skythisches Volk auf der Halbinsel Krim am Schwarzen Meer. Hier sollen der Göttin Artemis Menschenopfer dargebracht worden sein. Goethe erfand in Analogie zu *Iphigenie in Aulis* von Euripides und in Anlehnung an das frz. *Tauride* (vgl. Racines Entwurf einer *Iphigenie en Tauride*) die Bezeichnung »Tauris«. Seiner Vorstellung nach war Tauris keine Halbinsel, sondern eine Insel.

Hain: altertümliches Wort für ein Wäldchen.

Dianens: Diana: römische Göttin, der griechischen Artemis entsprechend; Tochter des Zeus, als Mondgöttin Zwillingsschwester des Lichtgotts Apollon; im Allgemeinen Jagdgöttin und Schützerin von Jugend und Jungfräulichkeit.

49 **Die Gattin ihm, Elektren und den Sohn:** Iphigenies Mutter Klytemnestra und ihre Geschwister Elektra und Orest.

84 **Fluch:** der auf Iphigenies Familie lastende Tantalidenfluch. Zeus hatte die Missetaten des Tantalus, des Ururgroßvaters der Iphigenie, nicht nur mit dessen persönlicher Bestrafung geahndet (vgl. Anm. zu V. 306–325), sondern seine gesamte Nachkommenschaft in einer Art »Sippenhaftung« mit einem Fluch belegt. Dadurch sind die Mitglieder dieser Familie unfähig zu einem vernunftgeleiteten und zivilisierten Umgang miteinander, sondern tragen ihre innerfamiliären Konflikte, von ewiger Rachsucht getrieben, mit einer unvorstellbaren Grausamkeit aus. Im 3. Auftritt des 1. Aufzugs (V. 328 ff.) berichtet Iphigenie dem entsetzten Taurerkönig Thoas von den barbarischen Exzessen ihrer Vorfahren. Infolge ihres Aufenthalts auf Tauris scheint Iphigenie selbst vorübergehend dem Wirkungskreis des Fluchs entzogen zu sein.

108 **Schatten:** Nach griechischer Vorstellung führen die Seelen der Verstorbenen ein wesenloses Schattendasein in der Unterwelt (Tartaros, Erebos oder lat. Orkus). An bestimmten Tagen suchen sie ihr eigenes Grab auf.

139 **Balsam:** Gemisch von Harzen mit ätherischen Ölen; Linderungsmittel.

164 **Skythe:** Als »Skythen« bezeichneten die Griechen alle nördlich des Schwarzen Meeres wohnenden Völkerschaften, zu denen die Taurier gehörten. Nach griechischer Ansicht handelte es sich um unzivilisierte »Barbaren«, da sie nicht die griechische Sprache sprachen und nicht an der griechischen Kultur teilnahmen. Zur

griechischen Kultur gehörte auch die Redekunst (Rhetorik), ein Umstand, auf den Arkas hier indirekt verweist: »Der Skythe setzt ins Reden keinen Vorzug«.

306–325 **Ich bin aus Tantalus' Geschlecht … Tartarus hinab:** Zu den Abkömmlingen des Tantalos vgl. den Stammbaum S. 97. – Von Tantalos wird erzählt, er sei ein Sohn der Kronidentochter Pluto, und als Vater nennt man entweder Tmolos oder sogar Zeus selbst. Über die Mutter ist er ein Nachfahre der Titanen, eines vorolympischen Göttergeschlechts von besonderer Rohheit und Kraft. Zwei Kernmotive bestimmen die Geschichten über ihn: das Mahl, das er mit den Göttern teilte oder für sie veranstaltete, und sein Übermut als Beispiel für menschliche Hybris und ihre Bestrafung. – Zeus, so heißt eine Version, ließ Tantalos zur Tafel der Olympier zu und vertraute ihm seine Pläne an, aber dieser verriet sie den Menschen und stahl für sie die Götternahrung Nektar und Ambrosia. In einer anderen Fassung wollte Tantalos die Allwissenheit des Zeus prüfen; er lud ihn mit den Olympiern zu einem Essen, für das er seinen Sohn Pelops in Stücke geschnitten hatte. Zur Strafe erlitt Tantalos nach seinem Tod in der Unterwelt die sprichwörtlich gewordenen Qualen. Unter einem mit Früchten beladenen Baum steht er bis zu den Hüften im Wasser und wird von Hunger und Durst gefoltert, denn die Zweige schnellen hinweg, wenn er nach ihren Früchten greift, und der Wasserspiegel senkt sich, sobald er sich bückt und zu trinken versucht. Außerdem schwebt ein riesiger Felsblock über dem Baum und droht ständig, Tantalos zu zerschmettern. – Sein Sohn Pelops, eine der großen griechischen Heldengestalten, wurde von den Göttern in erneuter Schönheit wiederhergestellt; eine bereits verzehrte Schulter wurde durch eine Elfenbein-Prothese ersetzt.

325 **Zur Schmach des alten Tartarus:** Der griechische Mythos kennt die Unterwelt (Tartaros, Erebos, Orkus) als Totenreich unter der Erde, in dem die Schatten der Verstorbenen ihr wesenloses Schattendasein führen. Die Frommen gehen in die vom Lethestrom (Strom des Vergessens) umflossenen elysischen Gefilde ein, wo sie in ewiger Glückseligkeit leben; die Frevler werden in den eigentlichen Tartaros gestoßen, einen tiefen Abgrund, in dem sie ewige Qualen erdulden müssen.

420 f. **Diane, / Erzürnt auf ihren großen Führer:** Wegen einer Flaute konnte die griechische Flotte nicht von Aulis aus nach

Troja übersetzen. Dem griechischen Seher und Wahrsager Kalchas zufolge lag die Ursache in einem Frevel Agamemnons, der eine der Göttin Artemis (Diana) geweihte Hirschkuh auf der Jagd erlegt hatte. Nur indem Agamemnon seine eigene Tochter Iphigenie der Göttin opfere, sei Artemis zu versöhnen. Der König von Mykene lockte daraufhin seine Tochter in Begleitung ihrer Mutter Klytemnestra mit dem Versprechen nach Aulis, sie werde mit Achill verlobt, und opferte sein eigenes Kind der Göttin. Im letzten Augenblick verhüllte Artemis Iphigenie in einer Wolke, entführte sie nach Tauris und hinterließ statt der Königstochter eine Hirschkuh auf dem Altar. Da Iphigenies Schicksal ungeklärt blieb, war Agamemnon »genug gestraft« (vgl. V. 442), zumal sich auch seine Gemahlin von ihm abwandte und auf Rache für den vermeintlichen Tod der gemeinsamen Tochter sann.

538 **gnädige Retterin:** Diana (an die sich Iphigenie in einem Gebet wendet; vgl. auch den Rhythmuswechsel).

563 f. **das grässliche / Geleit der Rachegeister:** Die Erinnyen (Furien) sind die drei hundeköpfigen und schlangenhaarigen Rachegöttinnen der Unterwelt, die nach antiker Vorstellung den Untäter verfolgen, zumal bei Verbrechen innerhalb der Familie. Denn Orest hatte, um den Tod seines Vaters (vgl. Anm. zu V. 576–580) zu rächen, seine eigene Mutter Klytemnestra ermordet. Diese schwere Blutschuld hatte Alekto, Megaira und Tisiphone, die drei Furien, aus der Unterwelt auf die Erde gerufen, um den Frevel zu bestrafen. Um sich von der Verfolgung durch die grausamen Rachegöttinnen zu befreien, die ihn bis zum Wahnsinn trieben, hatte Orest mit seinem Freund Pylades das Orakel von Delphi aufgesucht, wo der Gott Apoll durch seine Priesterin den Ratsuchenden Hilfe durch zumeist doppelsinnige Orakelsprüche zukommen lässt. Gemäß der mythologischen Überlieferung, die auch von Euripides (*Iphigenie bei den Taurern*) übernommen wurde, sollte Orest die Schwester Apolls, also Diana, von Tauris, wo sie als eine Art Nationalgöttin verehrt wurde, nach Griechenland bringen. Nach Ansicht der Griechen konnte damit nur das Tempelbildnis der Diana in Tauris gemeint sein.

576–580 **Soll ich … stellt:** Orest spricht hier das Schicksal vieler seiner Ahnen und vor allem dasjenige seines Vaters Agamemnon an, der von seiner eigenen Frau Klytemnestra und deren Geliebten, Agamemnons Vetter Ägisth, grausam ermordet wurde. Orest möchte lieber den Tod auf dem Altar der Diana erleiden als durch den Arm arglistiger Verwandter umkommen wie unlängst sein Vater, den Klytemnestra nach einem Bad in ein netzartiges Gewand einhüllte (nach anderer Überlieferung während des Bades mit einem Netz überwarf), so dass er sich nicht gegen Ägisth wehren konnte. Allerdings weiß Orest zu diesem Zeitpunkt noch nicht, dass seine Schwester Iphigenie die Diana-Priesterin ist, die seinen Opfertod durchführen muss – üblicherweise durch das Durchschneiden der Kehle.

584 **Wie losgelassne Hunde:** In der antiken Vorstellungswelt werden die Rachegöttinnen oft mit Blut- oder Schweißhunden auf der Fährte eines verwundeten Wildes verglichen.

591 **Pylades:** Sohn des Königs Strophios von Phokis. Pylades und Orest hatten einen Teil ihrer Kindheit gemeinsam verbracht, woraus eine enge Freundschaft entstanden war. Elektra, die älteste Schwester Orests, hatte den jüngeren Bruder bald nach Agamemnons Ermordung durch Ägisth und Klytemnestra zu König Strophios, ihrem gemeinsamen Onkel, bringen lassen, um sein Leben vor Ägisth und dessen Anhängern zu retten. Denn von Orest ging für die Königsmörder eine große Gefahr aus – sowohl als einzig legitimierter Thronnachfolger seines Vaters in Mykene als auch als dessen späterer Rächer. Mit dieser Flucht nach Phokis wurde Orest ein zweites Mal gerettet, denn bereits gleich nach dem Mord an Agamemnon hatte Ägisth auch Orest, damals noch im Kindesalter, töten wollen. Aber dessen Amme übergab Ägisth, als dieser die Herausgabe des Jungen forderte, ihren eigenen Sohn, so dass er das falsche Kind umbrachte. – Pylades blieb Orest auch nach dessen blutiger Rache ein treuer Freund und verließ sogar seine Heimat Phokis, um den vor Schuldgefühlen fast wahnsinnig Gewordenen als ständiger Weggefährte zu beschützen und ihn von der Verfolgung durch die Erinnyen zu befreien.

598–600 **durch die verwornen Pfade … wieder aufzuwinden:** Anspielung auf Theseus, der mit Hilfe des Fadens der Ariadne wieder aus dem Labyrinth des kretischen Königs Minos herausfand.

670 **dem hohen Ahnherrn gleich:** Orest erinnert sich an einige zusammen mit Pylades vollbrachte Taten in ihrer Jugend. Heldentaten dieser Art werden in der griechischen Mythologie allerdings eher Theseus und Herakles zugeordnet als ihren gemeinsamen Vorfahren Tantalus oder Atreus. Goethe verlässt hier die

mythologische Exaktheit entweder, um jene Phase jugendlichen Tatendursts seines jetzt depressiven Helden hervorzuheben oder um die innerfamiliäre Verherrlichung der berühmten Vorfahren durch Orest zu unterstreichen.

687 **Ton der Harfe:** Anspielung auf die Lyra, mit der in der griechischen Antike der Sänger seinen Vortrag begleitete.

722 f. **Bringst du die Schwester zu Apollen hin / Und wohnen beide dann vereint zu Delphis:** Pylades thematisiert hier den Orakelspruch, dem zufolge Orest erst dann von seinem Fluch, also der Verfolgung durch die Erinnyen, befreit wird, wenn diese Aufgabe erfüllt ist. Seine Interpretation des oft rätselhaften Orakelspruchs ist eindeutig: Apolls Zwillingsschwester Diana bzw. ihr Bildnis im Diana-Tempel in Tauris soll nach Delphi gebracht werden. Erst am Schluss des Dramas stellt sich heraus, dass dieses Orakel anders zu deuten ist.

744 f. **Zu einer schweren Tat …:** Um Orest Trost zu spenden, spielt Pylades auf den Herakles-Mythos an: Herakles hatte in einem von Hera verhängten Anfall von Jähzorn seine Frau und seine drei Kinder erschlagen. Nachdem der Wahnsinn von ihm gewichen war, bereute er seine Tat zutiefst. Das Orakel von Delphi versprach ihm Entsühnung durch die bekannten zwölf übermenschlichen Arbeiten, die er zu verrichten hatte.

762 **Ulyssen:** Odysseus, König von Ithaka. Odysseus zählt zu den größten Helden im Trojanischen Krieg und spielte mit seiner Intelligenz, seiner Besonnenheit, seiner Redekunst und seinem oft listigen Einfallsreichtum (Trojanisches Pferd) eine kriegsentscheidende Rolle. Auch auf seinen zehnjährigen Irrfahrten (»Odyssee«) zeichnete sich der »Listenreiche« neben Kühnheit und Heldenmut durch kluges Kalkül aus.

824 **Kreta:** Aus Vorsicht erfindet Pylades eine falsche Herkunft.

858–866 **Die hohe … wieder:** Troja (griech. Ilion) wurde nach langjähriger Belagerung durch die Griechen unter Führung Agamemnons, des Königs von Mykene, erobert und zerstört. In der *Ilias*, einem griechischen Epos von Homer, wird der Kampf geschildert. Größter Held der Griechen war Achilleus, der wie sein schöner Freund (vgl. V. 863) Patroklos fiel; der riesige Aias (lat. Ajax, vgl. V. 865), der Sohn des Königs Telamon von Salamis, galt nach Achilleus als der stärkste, aber auch wildeste unter den griechischen Helden. Palamedes (V. 865) war ein großer Gelehrter.

862 **Barbaren:** ursprünglich ein Begriff für alle Nicht-Griechen, der

aber schnell eine herabsetzende Bedeutung im Sinne von »unzivilisiert« bekam.

881 **Ägisthens:** Ägisth erschlug seinen Onkel Atreus und bemächtigte sich der Herrschaft Mykenes. Während Agamemnon am Trojanischen Krieg teilnahm, verführte er dessen Frau Klytemnestra, die sich wiederum an ihrem Gemahl rächen wollte, weil er zu Beginn des Feldzugs ihre gemeinsame Tochter Iphigenie der Göttin Artemis (Diana) geopfert hatte (wie sie zumindest annehmen musste). Gemeinsam töteten sie den heimkehrenden Agamemnon (vgl. Anm. zu V. 576–580).

904 **einer alten Rache tief Gefühl:** Anspielung auf die (scheinbare) Opferung Iphigenies durch Agamemnon, aber auch darauf, dass Agamemnon Ägisths Vater Thyest vom mykenischen Thron gestürzt hatte, um sich seine Herrschaft zurückzuerobern, aus der Thyest ihn und seinen Bruder Menelaos vertrieben hatte. Ägisth hatte bereits Atreus, den Vater Agamemnons, getötet; nun rächte sich Ägisth erneut, indem er den Vetter erschlug, und beseitigte damit zugleich den Konkurrenten um den mykenischen Thron. Da beide aus dem Geschlecht des Tantalus waren, vollzogen sie aneinander den »alten« Fluch, also den Tantalidenfluch.

942 **Herd der Vatergötter:** Goethe mischt hier Römisches in die griechisch-mythologische Handlung: Die Bilder der römischen Gottheiten der Vorratskammer (Penaten) waren in der Nähe des Herdes aufgestellt.

980 **Avernus:** nach römischer Vorstellung Eingang zur Unterwelt (vgl. Averner See bei Neapel), auch als Bezeichnung für die ganze Unterwelt gebräuchlich. Goethe verknüpft in dem Bild von »des Avernus Netzen« also römische Mythologie mit dem griechischen Mythos um den Tod des Agamemnon.

1035 **stiefgewordnen Mutter:** Infolge des Todes des Ehegatten Agamemnon und der neuen Verbindung mit Ägisth war Klytemnestra nach griechischem Rechtsverständnis zur Stiefmutter ihrer leiblichen Kinder geworden. Die Folgen für die Stellung der Kinder hatte Elektra am eigenen Leib erleben müssen, indem sie zur Dienstmagd erniedrigt worden war; vgl. V. 1032.

1060 f. **ihre Gefährten, / Der Zweifel und die Reue:** Goethe psychologisiert die Rachegöttinnen, indem er sie als Bild für seelische Vorgänge nimmt.

1062 **Acheron:** neben Kokytos und Styx ein weiteres Gewässer, das die Unterwelt umgibt und über das die Seelen der Toten von

Charon, dem Fährmann der Unterwelt, übergesetzt werden; vgl. auch Anm. zu V. 325.

1068 **ein alter Fluch:** In Aischylos' Drama *Die Eumeniden* sind die Erinnyen aufgrund eines Fluchs in die Unterwelt verbannt.

1081 **Sei Wahrheit:** Halbverse wie dieser (vgl. auch V. 1053) sind von Goethe mit Bedacht gesetzt, weil sie Entscheidendes hervorheben sollen. Vgl. den Brief an Herder vom 31. Januar 1787: »Einige halbe Verse habe ich gelassen, wo sie vielleicht gut tun, auch einige Veränderungen des Silbenmaßes mit Fleiß angebracht.«

1176 **Kreusas Brautkleid:** Die korinthische Prinzessin Kreusa erhielt anlässlich ihrer Hochzeit mit Jason, dem Helden der Argonautensage, von ihrer Nebenbuhlerin Medea ein Brautkleid als angebliches Versöhnungsgeschenk. Sobald Kreusa das Hochzeitskleid angelegt hatte, ging es in unlöschbare Flammen auf und verbrannte die junge Braut. Auf diese Weise rächte sich Jasons Lebensgefährtin Medea an ihrer Rivalin. Jason, den Vater der beiden gemeinsamen Kinder, bestrafte Medea kurz darauf mit der Tötung ihrer Kinder.

1178 **Wie Herkules:** Orest identifiziert sich hier in seiner schweren Depression mit dem sterbenden Herakles (lat.: Herkules). Der griechische Held und Halbgott (Vater: Zeus; Mutter: Alkmene) hatte von seiner Gattin Deianeira ein ohne ihr Wissen vergiftetes Gewand erhalten, das schwere Ätzwunden auf seinem Körper hinterließ. Von unerträglichen Schmerzen gequält, zog er sich in die Einöde zurück und ließ sich dort verbrennen. Auf diese Weise hatte sich der Kentaur Nessos doch noch an Herakles gerächt, der ihn bei dessen Versuch, die schöne Deianeira zu entführen, mit einem vergifteten Pfeil getötet hatte. Denn der sterbende Nessos hatte Deianeira geraten, sein mit Liebe zu ihr erfülltes Blut aufzufangen, weil sie sich damit die Treue Herkules' sichern könne. Deianeira glaubte Nessos und bestrich viele Jahre später in einem Moment von Eifersucht das Untergewand ihres Gatten mit dem vergifteten Nessosblut (»Nessoshemd«). Erschüttert vom qualvollen Tod ihres Mannes nahm sich Deianeira daraufhin das Leben.

1201 **Nymphe:** Naturgeist mit mädchenhaftem Aussehen. Im bacchantischen Gefolge des Dionysos junge Mädchen, die sich oft schmeichlerisch-anbiedernd verhielten. Auf diese Eigenschaft spielt Orest an, wenn er ihre Wiedersehensfreude mit der Zudringlichkeit einer Nymphe verwechselt.

1297 **des Mordes gewisse Losung:** Anspielung auf den Mord, der einer Begrüßung innerhalb seiner Familie häufig folgte.

1432 **Des nahverwandten Bluts, das er vergoss:** eines Mordes innerhalb der Familie.

1681 **Not:** Mit dem Bild der Not als einem personifizierten göttlichen Wesen der Naturnotwendigkeit (Ananke) und dem Hinweis auf ihre Schwester, die Schicksalsgöttin Tyche, erfolgt nun auch durch Pylades eine Instrumentalisierung der Götter und der Religion für die eigene Argumentation, vgl. etwa V. 490–537.

1713 ff. **der Titanen … Olympier:** Zeus und die olympischen Götter beseitigten die Herrschaft der Titanen, des ersten Göttergeschlechts in der griechischen Mythologie.

1880 **anmut'gen Zweig:** Anspielung auf den antiken Brauch, zum Zeichen der Bitte oder des Erflehens von Schutz und Hilfe einen mit weißer Wolle umwundenen Lorbeer- oder Ölzweig bei sich zu tragen.

1898–1903 **Der in der Nacht … kehrt:** Anspielung auf eine Episode in der *Ilias* (X,463 ff.).

1904–07 **der allein … säubre?:** Anspielung auf die Taten des Theseus (Plutarch, *Theseus* 7 ff.).

2127–30 **Gleich einem heil'gen Bilde … des Hauses:** Orest vergleicht seine Schwester mit dem Kultbild einer städtischen Schutzgottheit, das in den griechischen Tempeln aufbewahrt wurde und dadurch Segen und Schutz für die Stadt gewährte.

3.1 Johann Wolfgang Goethe – Etappen seines Lebens

Kindheit und Jugend

Der 1749 in Frankfurt am Main geborene Goethe stammte aus einem wohlhabenden großbürgerlichen Elternhaus. Sein Vater war studierter Jurist und hatte den Titel eines »Kaiserlichen Rats« erworben. Angesichts eines großen ererbten Vermögens übte er seinen Beruf jedoch nicht mehr aus. Die erheblich jüngere Mutter stammte aus einer angesehenen Juristenfamilie; ihr Vater, ebenfalls Kaiserlicher Rat, bekleidete als Stadtschultheiß das höchste juristische Amt der freien Reichsstadt Frankfurt. Die Eltern legten großen Wert auf eine umfassende Bildung ihres Sohns, der neben Latein, Griechisch, Englisch, Französisch auch Italienisch und Hebräisch lernte, im Reiten und Fechten ausgebildet wurde und durch die evangelisch-pietistische Mutter eine religiöse Erziehung mit täglicher Bibellektüre erfuhr. 1765 nahm der Sechzehnjährige in Leipzig das vom Vater angeordnete Jurastudium auf, das er aber bald zugunsten seiner künstlerischen Neigungen vernachlässigte und schließlich nach drei Jahren wegen einer schweren Erkrankung abbrechen musste. Ein Blutsturz und ein Halsgeschwulst brachten ihn in Lebensgefahr, sodass er »gleichsam als ein Schiffbrüchiger« (Goethe in *Dichtung und Wahrheit*, 8. Buch) ins Elternhaus zurückkehren musste und erst nach eineinhalb Jahren genesen war.

Die Leiden des jungen Werthers – *Goethes literarischer Durchbruch*

Der Aufenthalt in Straßburg, wo der nun Zwanzigjährige seit 1770 sein Jurastudium fortsetzte, beeinflusste seine schriftstellerische Entwicklung entscheidend. Mit den Anregungen des Theologen und Gelehrten Herder, der die schöpferische Begabung des Studenten erkannt und ihm Homer, Shakespeare, Ossian und die Volkspoesie nahegebracht hatte, ausgelöst ferner durch eine tiefe Liebe zu der Pfarrerstochter Friederike Brion, entwickelte sich Goethes lyrische Sprache zu einer nie zuvor vernommenen Sprachgewalt, die den »Sturm und Drang«, eine neue literarische Epoche, begründete (*Mailied*, *Willkommen und Abschied*; später *An Schwager Kronos*, *Mahomets Gesang*, *Prometheus*, *Ganymed*).

Mit dem 1771 an der Straßburger Universität erworbenen Titel eines Lizentiaten konnte Goethe in Frankfurt eine kleine Anwaltskanzlei eröffnen, widmete sich jedoch vor allem seinen schriftstellerischen Neigungen. Neben dem Schauspiel *Götz von Berlichingen* (1773) entstand 1772–75 das Theaterstück *Urfaust*, in dem er unter anderem seine Schuldgefühle gegenüber der von ihm ohne Abschied verlassenen Friederike Brion, aber auch das Schicksal der 1772 in Frankfurt als »Kindsmörderin« hingerichteten Susanna Margaretha Brandt verarbeitete. Der junge Jurist und Schriftsteller empfand sich selbst als innerlich zerrissen (*Wandrers Nachtlied*), besaß aber die Fähigkeit, die Verstrickungen seiner eigenen Emotionalität, seinen Freiheitswillen und einen aus »Lebensekel« (Rüdiger Safranski) resultierenden Hang zur Selbstzerstörung zu Literatur, zu Weltliteratur zu verarbeiten: 1774 erschien der Briefroman *Die Leiden des jungen Werthers*, der in ganz Europa ein »*Werther*-Fieber« auslöste und seinen Autor über Nacht berühmt machte.

Frühe Weimarer Zeit und erste italienische Reise

Als Goethe im Jahr 1776 der Einladung an den Hof des jungen Herzogs Carl August von Sachsen-Weimar folgte, gehörte er mit Wieland, Herder, später auch Schiller zu einem Kreis ausgewählter bürgerlicher Intellektueller, die im engen Zusammenleben mit dem höfischen Adel aus Weimar ein geistiges und kulturelles Zentrum Europas bildeten.

Dem damals 26jährigen Juristen und erfolgreichen Schriftsteller wurden von Anfang an als Geheimer Rat bzw. seit 1782 als Finanzminister wichtige staatliche Angelegenheiten des Herzogtums anvertraut (Straßenbau, Bergbau, Militärwesen; schließlich Staatsfinanzen), sodass kaum Zeit blieb für literarische Betätigung. Dennoch entstand in dieser Phase neben Arbeiten an anderen literarischen Werken (*Egmont*, *Torquato Tasso*) die erste Prosafassung der *Iphigenie auf Tauris*, immer wieder unterbrochen von Dienstreisen, auf denen Goethe deprimierende Erfahrungen mit der Armut der einfachen Bevölkerung machte (vgl. 3.2.1).

Goethe hatte die erste Aufführung seiner *Iphigenie* im höfischen Liebhabertheater der Mutter des Herzogs, Anna Amalia, persönlich inszeniert und selbst die Rolle des Orest gespielt, war aber mit dieser Urfassung von 1779 (vgl. 3.2.2) bald unzufrieden und duldete keine Abschriften mehr. Es folgten Jahre des Experimentierens mit einer angemessenen sprachlichen Form, die den modernen Geist seiner *Iphigenie* mit dem Formideal der Antike verbinden sollte. Die endgültige Fassung im Blankvers, also im ungereimten fünffüßigen Jambus, entstand unter dem Eindruck seiner Begegnung mit der Antike während der ersten Italienreise (1786–88).

Mit diesem nur dem Herzog angekündigten Italienaufenthalt entzog sich der mittlerweile in den Adelsstand gehobene Goethe den Verpflichtungen aus seinen staatspolitischen Ämtern und befreite sich überdies von einer als beengend empfundenen freundschaftlichen Beziehung zu Charlotte von Stein, einer Hofdame des Herzogs.

Die Blütezeit der Weimarer Klassik

Die Überwindung der Sturm-und Drang-Exzentrik hatte sich schon zu Beginn der 1780er Jahre mit Hymnen wie *Grenzen der Menschheit* (1781) und *Das Göttliche* (1783) angedeutet. Während der Italienreise beendete Goethe schließlich auch die Umarbeitung der Dramen *Iphigenie auf Tauris* (1787) und *Torquato Tasso* (1789) zur geschlossenen Form des klassischen Dramas mit einer hochstilisierten Kunstsprache, die jeden spontanen oder grellen Ausdruck dämpft, weil sie mit der Ästhetik ihrer Bilder, ihres Klangs, ihrer Melodie den Zugang zu einer Welt des Schönen öffnet (vgl. 3.2.3 und Kap. 4).

Auch wenn Goethe überzeugt war, dass die Auswüchse der feudal-aristokratischen Gesellschaft deren eigenen Untergang selbst provoziert hatten, stand er dem Ausbruch (1789) und Verlauf der Französischen Revolution von Beginn an ablehnend gegenüber. Als Begleiter seines Herzogs Carl August beim Feldzug der Koalitionsarmee gegen das revolutionäre Frankreich wurde er 1792 Zeuge und berühmter Kommentator der »Kanonade von Valmy«, eines Artilleriegefechts zwischen preußischen und französischen Truppen: »Von hier und heute geht eine neue Etappe der Weltgeschichte aus [...]«. In dem Novellenzyklus *Unterhaltungen deutscher Ausgewanderter* (1795) und dem Epos *Hermann und Dorothea* (1797) verarbeitete Goethe unmittelbar Motive und eigene Eindrücke der revolutionären Ereignisse.

Seit 1794 hatte die Zusammenarbeit Goethes mit dem zehn Jahre jüngeren Schiller begonnen, aus der heraus Aufsätze, Gedichte (vgl. das »Balladenjahr« 1797 mit zwölf berühmten Balladen wie *Der Zau-*

Abb. 1: Johann Wolfgang Goethe
Kreidezeichnung von Friedrich Bury, 1800

berlehrling oder *Der Ring des Polykrates*), ferner etliche der großen Dramen Schillers entstanden, die aber mit dem frühen Tod Schillers 1805 endete. Auch an Goethes Entwicklungs- und Bildungsroman *Wilhelm Meisters Lehrjahre* (1795/96), der als Genre bis weit in das 19. Jahrhundert wirkte, und der Wiederaufnahme der Arbeit am *Faust* hatte Schiller großen Anteil genommen. Seit 1791 leitete Goethe das Weimarer Hoftheater; 1803 wurde dem selbst naturwissenschaftlich forschenden Geheimen Rat (*Versuch die Metamorphose der Pflanzen zu erklären*, 1790; *Zur Farbenlehre*, 1810) die Aufsicht über die naturwissenschaftlichen Institute der Universität Jena übertragen. Neben dem Trauerspiel *Die natürliche Tochter* (1804), dem Sammelwerk *Winckelmann und sein Jahrhundert* (1805) und dem Roman *Die Wahlverwandtschaften* (1809) erschien 1808 die heute zu den wichtigsten Stoffen der Weltliteratur zählende Tragödie *Faust. Erster Teil.* Zu diesem Zeitpunkt hatte Goethe bereits die Besetzung Weimars durch napoleonische Truppen (1806) erlebt, bei der sich Christiane Vulpius (1765–1816), seit 1788 seine Lebensgefährtin, so couragiert gezeigt hatte, dass er sie heiratete und damit die unstandesgemäße Lebensgemeinschaft offiziell machte.

Der späte Goethe

Goethe hatte den Tod Schillers als Zäsur für das eigene Leben verstanden, zumal er selbst seit 1806 regelmäßige Kuraufenthalte, vor allem in Karlsbad, einlegen musste. Seit 1808 arbeitete er an einer Autobiographie der Jahre 1749–75 (*Dichtung und Wahrheit*), die in mehreren Bänden ab 1811 erschien. Inspiriert durch den persischen Dichter Hafis und eine leidenschaftliche Liebe zu Marianne von Willemer entstand 1814/19 der Gedichtzyklus *West-östlicher Divan*. Das für Goethe charakteristische schauende Denken, das im Einzelnen stets auch die Gesetzmäßigkeit des Ganzen sucht, prägte auch sein großes Spätwerk, die Sammlung von Aphorismen *Maximen und Reflexionen* (posthum 1840). Zu Lebzeiten erschien noch *Wilhelm Meisters Wanderjahre* (1829), während *Faust. Zweiter Teil*, dessen endgültige Fassung sich versiegelt in seinem Schreibtisch fand, in Goethes Todesjahr 1832 herausgegeben wurde.

3.2 *Iphigenie auf Tauris* – von der Urfassung zur klassischen Form

3.2.1 *Ausgewählte Briefe und Tagebucheintragungen Goethes zu* Iphigenie auf Tauris

An Charlotte von Stein. Weimar, 14. Februar 1779:

»Den ganzen Tag brüt' ich über ›Iphigenien‹, dass mir der Kopf ganz wüst ist, ob ich gleich zur schönen Vorbereitung letzte Nacht 10 Stunden geschlafen habe. So ganz ohne Sammlung, nur den einen Fuß im Steigriemen des Dichter-Hippogryphs [Fabelwesen; Mischwesen aus Pferd und Greifvogel], will's sehr schwer sein, etwas zu bringen, das nicht ganz mit Glanzleinwand-Lumpen gekleidet sei.«

Goethe über seine Dichtungen. Versuch einer Sammlung aller Äußerungen des Dichters über seine poetischen Werke. Hrsg. von Hans Gerhard Gräf. Tl. 2. Bd. 3. Nachdr. Darmstadt: Wissenschaftliche Buchgesellschaft, 1968. S. 159 f.

Tagebuch. Dornburg, 3. März 1779:

»[Rekruten-]Auslesung. Nachher einsam im neuen Schlosse an ›Iphigenie‹ geschrieben, so auch den 4. [März.]«

Gräf II,3. S. 161.

An Charlotte von Stein. Apolda, 6. März 1779:

»Hier will das Drama gar nicht fort, es ist verflucht, der König von Tauris soll reden, als wenn kein Strumpfwürker in Apolde hungerte.«

Gräf II,3. S. 162.

An Johann Gottfried Herder. Karlsbad, 1. September 1786:

»Ich bin in große Not geraten, die ich Dir sogleich anzeigen und klagen muss. Nach Deinem Abschied las ich noch in der ›Elektra‹ des Sophokles. Die langen Jamben ohne Abschnitt und das sonderbare Wälzen und Rollen des Periods haben sich mir so eingeprägt, dass mir nun die kurzen Zeilen der ›Iphigenie‹ ganz höckerig, übelklingend und unlesbar werden. Ich habe gleich angefangen die erste Szene umzuändern. Damit ich aber nicht zu weit gehe, und Maß und Ziel festgesetzt werde, bitt' ich Dich etwa um 5 Uhr um eine Lektion. Ich will zu Dir kommen!«

Gräf II,3. S. 177f.

Italienische Reise. Rom, 10. Januar 1787:

»›Iphigenia‹ in Jamben zu übersetzen, hätte ich nie gewagt, wäre mir in Moritzens [Karl Philipp Moritz, 1756–1793] Prosodie nicht ein Leitstern erschienen. Der Umgang mit dem Verfasser, besonders während seines Krankenlagers, hat mich noch mehr darüber aufgeklärt, und ich ersuche die Freunde, darüber mit Wohlwollen nachzudenken.

Es ist auffallend, dass wir in unserer Sprache nur wenige Sylben finden, die entschieden kurz oder lang sind. Mit den andern verfährt man nach Geschmack oder Willkür. Nun hat [Karl Philipp] Moritz ausgeklügelt, dass es eine gewisse Rangordnung der Sylben gebe,

Abb. 2: Johann Wolfgang Goethe: Rekrutenaushebung
Tuschlavierte Bleistift- und Federzeichnung, 1779

und dass die dem Sinne nach bedeutendere gegen eine weniger bedeutende lang sei und jene kurz mache, dagegen aber auch wieder kurz werden könne, wenn sie in die Nähe von einer andern gerät, welche mehr Geistesgewicht hat.«

Goethes Werke. [Weimarer Ausgabe.] Hrsg. im Auftrage der Großherzogin Sophie von Sachsen. 133 Bde. Weimar: Böhlau, 1887–1919. Abt. IV: Briefe. Bd. 8. S. 224 f.

3.2.2 Prosafassung 1779. Auszug aus IV,5 (»Parzenlied«):

IPHIGENIE *allein.* Folgen muss ich ihm, denn der Meinigen große Gefahr seh' ich vor Augen. Doch will mirs bange werden, über mein eigen Schicksal. Vergebens hofft ich still verwahrt von meiner Göttin den alten Fluch von unserm Haus ausklingen zu lassen, und durch Gebet und Reinheit die Olympier zu versühnen. Kaum wird mir in Armen mein Bruder geheilt, kaum naht ein Schiff ein lang erflehtes, mich an die Stätte der lebenden Vater Welt zu leiten, wird mir ein doppelt Laster von der tauben Not geboten. Das heilige mir anvertraute Schutzbild dieses Ufers wegzurauben und den König zu hintergehn. Wenn ich mit Betrug und Raub beginn, wie will ich Segen bringen und wo will ich enden? Ach warum scheint der Undank mir wie tausend andern nicht ein leichtes unbedeutendes Vergehn. Es sangen die Parzen ein grausend Lied, als Tantal fiel vom goldnen Stuhl, die Alten litten mit ihrem Freund. Ich hört es oft! In meiner Jugend sangs eine Amme uns Kindern vor. Es fürchte die Götter das Menschen-Geschlecht, sie haben Macht, und brauchen sie, wies ihnen gefällt, der fürchte sie mehr den sie erheben, auf schroffen Klippen stehn ihre Stühle um den goldnen Tisch. Erhebt sich ein Zwist so stürzt der Gast unwiederbringlich ins Reich der Nacht, und ohne Gericht liegt er gebunden in der Finsternis. Sie aber lassen sichs ewig wohlsein am goldnen Tisch. Von Berg zu Bergen schreiten sie weg und aus der Tiefe dampft ihnen des Riesen erstickter Mund gleich andern Opfern ein leichter Rauch. Von ganzen Geschlechtern wenden sie weg ihr segnend Aug und hassen im Enkel die ehmals geliebten und nun verworfnen Züge des Ahnherrn. So sangen die Alten und Tantal horcht in seiner Höhle, denkt seine Kinder und seine Enkel und schüttelt das Haupt.

Goethes Iphigenie auf Tauris. In vierfacher Gestalt hrsg. von Jakob Baechtold. Freiburg i. Br. / Tübingen: J. C. B. Mohr, 1883. S. 96/98.

3.2.3 Theodor W. Adorno: Zum Klassizismus von Goethes Iphigenie *(1967)*

Adorno hebt die Kultur und Humanität stiftende Leistung der Sprache hervor, die er als spannungsreichen Bändigungsversuch der rohen Kräfte betrachtet, die durch die Barbarei des Tantalidenfluchs in das Stück getragen werden. Darin zeige sich auch Goethes eigene

Abb. 3: Georg Melchior Kraus (1737–1806): Goethe als Orest, Corona Schröter als Iphigenie
Ölgemälde, 1779

Erfahrung mit barbarischen, naturwüchsigen Kräften selbst im zivilisierten Menschen, die – im Tantalidenmythos sichtbar – als ein unentwegt Lauerndes und Bedrohliches von der Schönheit dieser Sprache gezähmt werden.

»Der Stil des Werkes ist der alles durchdringende Äther seiner Sprache. Solcher Vorrang der Form trägt das zivilisatorische Moment […] ins Gedichtete hinein. Die Milderung des Rohen, schließlich dessen Verschwinden sind nicht bloß die Absicht der Heldin. Die Gestalt eines jeden Satzes vollzieht sich mit bedachter, errungener *μεσοτες* [*mesotes* (griech.) ›Maß‹, ›Mäßigung‹] der Formulierung. Wunderlich vermählt sie sich mit warmem, umfangendem Strömen. Auch extreme und erschreckende Sachverhalte haben daran teil, ohne daß sie abgeschwächt würden. Schweigt antithetisch der Skythenkönig oder redet er karg, so scheint diese Kargheit nicht länger die eines des Ausdrucks nicht recht Mächtigen; sein Schweigen ist seinerseits zivilisatorisch, dem wütenden Ausbruch abgedungen.«

Theodor W. Adorno: Zum Klassizismus von Goethes »Iphigenie«. In: Ders.: Noten zur Literatur IV. Hrsg. von Rolf Tiedemann. Frankfurt a. M.: Suhrkamp, 1974. (Gesammelte Schriften. Hrsg. von Rolf Tiedemann unter Mitw. von Gretel Adorno [u. a.]. Bd. 11.) S. 501. [Erstpublikation 1967 unter dem Titel: »Zur Klassizität von Goethes ›Iphigenie‹«.] –

4. Kunstauffassung der Klassik

4.1 Überblick

Die Weimarer Klassik orientierte sich an den ästhetischen Vorbildern der griechischen Antike. Der Anstoß dazu kam aus der bildenden Kunst, nämlich von dem Kunsthistoriker Johann Joachim Winckelmann, der dem spätbarocken Manierismus (»Schwulst«) die »edle Einfalt und stille Größe« griechischer Kunstwerke entgegenhielt (*Gedanken über die Nachahmung der griechischen Werke in der Malerei und Bildhauerkunst*, 1755). Mit der zum universalen, zeitlosen Vorbild erklärten griechischen Kunst griff er zugleich die damalige Kulturhoheit Frankreichs an, das sich am Vorbild Roms orientiert hatte (französischer Klassizismus).

Neben der Einfachheit und Harmonie der griechischen Kunstwerke erkannte Winckelmann in den Figuren der Griechen den Ausdruck einer großen inneren Haltung und das zeitlose Idealbild eines freien Menschen. Der einzigartige Einklang von sinnlicher Anschauung und sittlichen Maßstäben, den er in der griechischen Plastik erblickte, war ein Gedanke, der die Weimarer Klassik zutiefst beeinflusste.

Typisch für die Klassik ist ferner die Vorstellung von einer Zweckfreiheit der Kunst (Autonomieästhetik). Ein Kunstwerk ist autonom, da es außerhalb von wirtschaftlichen oder politischen Nützlichkeitsüberlegungen steht und als schöner Gegenstand in sich selbst ruht (vgl. Karl Philipp Moritz, 4.2). Dadurch erhält ein Kunstgegenstand den Charakter eines für sich bestehenden vollendeten Ganzen. Kunst muss daher auch keine Wirklichkeit wiedergeben, sondern ist Ausdruck einer hinter der jeweiligen Form erkennbaren Idee.

Unter Bildung verstand die Klassik die ständige Selbstvervollkommnung des sittlichen und geistigen Menschen. Diese Bildungsvorstellung rückte den Menschen als Individuum in das Zentrum von Bildung und Erziehung, während praktisch-gesellschaftliche Aspekte, wie sie noch die Aufklärung formuliert hatte, in den Hintergrund traten. Angesichts des Scheiterns der Französischen Revolution entwarf Schiller das Konzept einer ästhetischen Erziehung, um mit den Mitteln der Kunst zu einer Veredelung des menschlichen Charakters zu gelangen. Auch er ging von der Vorbildlichkeit der griechischen Antike und der zeitlosen und zwecklosen Schönheit eines Kunstwerks aus, das die sinnlich-sittliche Doppelnatur des Menschen zu einem harmonischen Ausgleich führe. Dieser »ästhetische« Zustand, also die Erfahrung einer Ausgewogenheit von Pflicht und Neigung im Kunsterlebnis, bedeute das Erleben größtmöglicher persönlicher Freiheit. Denn in der Spielwelt einer zweckfreien Kunst, und damit befreit von den tatsächlichen Beschränkungen seiner Existenz, erlebe der Mensch die eigenen Möglichkeiten eines sittlichen, zu Vernunft und Humanität fähigen Wesens (4.3).

Die deutsche Klassik entwickelte also unter dem Eindruck der revolutionären Ereignisse im Nachbarland einen alternativen Weg zur Entfaltung einer zivilisierten, humanen Gesellschaft. Die Kunst und vor allem die Literatur erfuhren eine einzigartige Aufwertung, denn sie spielten bei diesem Versuch eine Schlüsselrolle.

4.2 Karl Philipp Moritz: *Versuch einer Vereinigung aller schönen Künste und Wissenschaften* (1785)

»Bei dem bloß Nützlichen finde ich nicht sowohl an dem Gegenstande selbst, als vielmehr an der Vorstellung von der Bequemlichkeit oder Behaglichkeit, die mir oder einem andern durch den Gebrauch desselben zuwachsen wird, Vergnügen. Ich mache mich gleichsam zum Mittelpunkte, worauf ich alle Teile des Gegenstandes beziehe, d. h. ich betrachte denselben bloß als Mittel, wovon ich selbst, in so fern meine Vollkommenheit dadurch befördert wird, der Zweck bin. Der bloß nützliche Gegenstand ist also in sich nichts Ganzes oder Vollendetes, sondern wird es erst, indem er in mir seinen Zweck erreicht, oder in mir vollendet wird. – Bei der Betrachtung des Schönen aber wälze ich den Zweck aus mir in den Gegenstand selbst zurück: ich betrachte ihn, als etwas, nicht in mir, sondern *in sich selbst Vollendetes*, das also in sich ein Ganzes ausmacht, und mir *um sein selbst willen* Vergnügen gewährt; indem ich dem schönen Gegenstande nicht sowohl eine Beziehung auf mich, als mir vielmehr eine Beziehung auf ihn gebe. Da mir nun das Schöne mehr um sein selbst willen, das Nützliche aber bloß um meinetwillen, lieb ist; so gewähret mir das Schöne ein höheres und uneigennützigeres Vergnügen, als das bloß Nützliche. Das Vergnügen an dem bloß Nützlichen ist gröber und gemeiner, das Vergnügen an dem Schönen feiner und seltner. Jenes haben wir, in gewissem Verstande, mit den Tieren gemein; dieses erhebt uns über sie.

Da das Nützliche seinen Zweck nicht in sich, sondern *außer* sich in etwas anderm hat, dessen Vollkommenheit dadurch vermehrt werden soll; so muss derjenige, welcher etwas Nützliches hervorbringen will, diesen *äußern* Zweck bei seinem Werke beständig vor Augen haben. Und wenn das Werk nur seinen äußern Zweck erreicht, so mag es übrigens in sich beschaffen sein, wie es wolle; dies kömmt, in so fern es bloß nützlich ist, gar nicht in Betracht. Wenn eine Uhr nur richtig ihre Stunden zeigt, und ein Messer nur gut schneidet; so bekümmre ich mich, in Ansehung des eigentlichen Nutzens, weder um die Kostbarkeit des Gehäuses an der Uhr, noch des Griffes an dem Messer: auch achte ich nicht darauf, ob mir selbst das Werk in der Uhr, oder die Klinge an dem Messer, gut ins Auge fällt oder nicht. Die Uhr und das Messer haben ihren Zweck außer sich, in demjenigen, welcher sich derselben zu seiner Bequemlichkeit bedienet; sie sind daher nichts in sich Vollendetes, und haben an und für sich, ohne die mögliche oder wirkliche Erreichung ihres äußern Zwecks, keinen eigentümlichen Wert. Mit diesem ihrem äußern Zweck zusammengenommen als ein Ganzes betrachtet, machen sie mir erst Vergnügen; von diesem Zweck abgeschnitten, lassen sie mich völlig gleichgültig. Ich betrachte die Uhr und das Messer nur mit Vergnügen, in so ferne ich sie brauchen kann, und brauche sie nicht, damit ich sie betrachten kann.

Bei dem Schönen ist es umgekehrt. Dieses hat seinen Zweck nicht außer sich, und ist nicht wegen der Vollkommenheit von etwas anderm, sondern wegen seiner eignen innern Vollkommenheit da. Man betrachtet es nicht, in so fern man es brauchen kann, sondern man braucht es nur, in so fern man es betrachten kann. Wir bedürfen des Schönen nicht so sehr, um dadurch ergötzt zu werden, als das Schöne unsrer bedarf, um erkannt zu werden. Wir können sehr gut ohne die Betrachtung schöner Kunstwerke bestehen, diese aber können, als solche, nicht wohl ohne unsre Betrachtung bestehen. Jemehr wir sie also entbehren können, desto mehr betrachten wir sie um ihrer selbst willen, um ihnen durch unsre Betrachtung gleichsam erst ihr wahres volles Dasein zu geben. Denn durch unsre zunehmende Anerkennung des Schönen in einem schönen Kunstwerke, vergrößern wir gleichsam seine Schönheit selber, und legen immer mehr Wert hinein. Daher das ungeduldige Verlangen, dass alles dem Schönen huldigen soll, welches wir einmal dafür erkannt haben: je allgemeiner es als schön erkannt und bewundert wird, desto mehr Wert erhält es auch in unsern Augen. […] Während das Schöne unsre Betrachtung ganz auf sich zieht, zieht es sie eine Weile von uns selber ab, und macht, dass wir uns in dem schönen Gegenstande zu verlieren scheinen; und eben dies Verlieren, dies Vergessen unsrer selbst, ist der höchste Grad des reinen und uneigennützigen Vergnügens, welches uns das Schöne gewährt. Wir opfern in dem Augenblick unser individuelles eingeschränktes Dasein einer Art von höherem Dasein auf. Das Vergnügen am Schönen muss sich daher immer mehr der uneigennützigen *Liebe* nähern, wenn es ächt sein soll.«

Karl Philipp Moritz: Versuch einer Vereinigung aller schönen Künste und Wissenschaften unter dem Begriff des *in sich selbst Vollendeten*. In: Theorie der Klassik. Hrsg. von Wilhelm Voßkamp. Stuttgart: Reclam, 2009. S. 114–117.

4.3 Friedrich Schiller: Brief an den Herzog von Augustenburg vom 13. Juli 1793

»Der Versuch des Französischen Volks, sich in seine heiligen Menschenrechte einzusetzen, und eine politische Freiheit zu erringen, hat bloß das Unvermögen und die Unwürdigkeit desselben an den Tag gebracht, und nicht nur dieses unglückliche Volk, sondern mit ihm auch einen beträchtlichen Teil Europens, und ein ganzes Jahrhundert, in Barbarei und Knechtschaft zurückgeschleudert. Der Moment war der günstigste, aber er fand eine verderbte Generation, die ihn nicht wert war, und weder zu würdigen noch zu benutzen wusste. Der Gebrauch den sie von diesem großen Geschenk des Zufalls macht und gemacht hat, beweist unwidersprechlich, dass das Menschengeschlecht der vormundschaftlichen Gewalt noch nicht entwachsen ist, dass das liberale Regiment der Vernunft da noch zu frühe kommt, wo man kaum damit fertig wird, sich der brutalen Gewalt der Tierheit zu erwehren, und dass derjenige noch nicht reif ist zur bürgerlichen Freiheit, dem noch so vieles zur menschlichen fehlt. […]

In den niedern Klassen sehen wir nichts als rohe gesetzlose Triebe, die sich nach aufgehobenem Band der bürgerlichen Ordnung entfesseln, und mit unlenksamer Wut ihrer tierischen Befriedigung zueilen. Es war also nicht der moralische Widerstand von innen, bloß die Zwangsgewalt von außen, was bisher ihren Ausbruch zurück hielt. Es waren also nicht freie Menschen, die der Staat unterdrückt hatte, nein, es waren bloß wilde Tiere, die er an heilsame Ketten legte. […]

Auf der andern Seite geben uns die zivilisierten Klassen den noch widrigeren Anblick der Erschlaffung, der Geistesschwäche, und einer Versunkenheit des Charakters, die um so empörender ist, jemehr die Kultur selbst daran Teil hat. […]

Die Aufklärung, deren sich die höhern Stände unsers Zeitalters nicht mit unrecht rühmen, ist bloß theoretische Kultur, und zeigt, im ganzen genommen, so wenig einen veredelnden Einfluss auf die Gesinnung, dass sie vielmehr bloß dazu hilft, die Verderbnis in ein System zu bringen, und unheilbarer zu machen. […]

Und ist dieses nun die Menschheit, möchte ich fragen, für deren Rechte der Philosoph sich verwendet, die der edle Weltbürger in Gedanken hat, und an welcher ein neuerer Solon seine Ideen von einer Staatsverfassung realisieren möchte? Ich zweifle sehr. Nur seine Fähigkeit als ein sittliches Wesen zu handeln, gibt dem Menschen Anspruch auf Freiheit; ein Gemüt aber, das nur sinnlicher Bestimmungen fähig ist, ist der Freiheit so wenig wert, als empfänglich. Alle Reforme, die Bestand haben soll, muss von der Denkungsart ausgehen, und wo eine Verderbnis in den Prinzipien herrscht, da kann nichts gesundes, nicht gutartiges aufkeimen. Nur der Charakter der Bürger erschafft und erhält den Staat, und macht politische und bürgerliche Freiheit möglich. Denn wenn die Weisheit selbst in Person vom Olymp herabstiege, und die vollkommenste Verfassung einführte, so müsste sie ja doch Menschen die Ausführung übergeben.

[…] So lange aber der oberste Grundsatz der Staaten von einem empörenden Egoismus zeugt, und so lange die Tendenz der Staatsbürger nur auf das physische Wohlsein beschränkt ist, so lange, fürchte ich, wird die politische Regeneration, die man so nahe glaubte, nichts als ein schöner philosophischer Traum bleiben.

Soll man also aufhören, darnach zu streben? Soll man gerade die wichtigste aller menschlichen Angelegenheiten einer gesetzlichen Willkür, einem blinden Zufall anheimstellen, während dass das Reich der Vernunft nach jeder andern Seite zusehends erweitert wird? Nichts weniger, Gnädigster Prinz. Politische und bürgerliche Freiheit bleibt immer und ewig das Heiligste aller Güter, das würdigste Ziel aller Anstrengungen, und das große Zentrum aller Kultur – aber man wird diesen herrlichen Bau nur auf dem festen Grund eines veredelten Charakters aufführen, man wird damit anfangen müssen für die Verfassung Bürger zu erschaffen, ehe man den Bürgern eine Verfassung geben kann. […]

Auf den Charakter wird bekanntlich durch Berichtigung der Begriffe und durch Reinigung der Gefühle gewirkt. Jenes ist das Geschäft der philosophischen, dieses vorzugsweise der ästhetischen Kultur. Aufklärung der Begriffe kann es allein nicht ausrichten, denn von dem Kopf ist noch ein gar weiter Weg zu dem Herzen, und bei weitem der größere Teil der Menschen wird durch Empfindungen zum Handeln bestimmt. Aber das Herz allein ist ein eben so unsichrer Führer und die zarteste Empfindsamkeit wird nur ein desto leichterer Raub der Schwärmerei, wenn ein heller Verstand sie nicht leitet. Gesundheit des Kopfes wird also mit der Reinheit des Willens zusammen treffen müssen, wenn der Charakter vollendet heißen soll.

Dies dringendere Bedürfnis unsers Zeitalters scheint mir die Veredlung der Gefühle und die sittliche Reinigung des Willens zu sein, denn für die Aufklärung des Verstandes ist schon sehr viel getan worden. Es fehlt uns nicht sowohl an der Kenntnis der Wahrheit und des Rechts, als an der Wirksamkeit dieser Erkenntnis zu Bestimmung des Willens, nicht sowohl an Licht als an Wärme, nicht sowohl an philosophischer als an ästhetischer Kultur. Diese letztere halte ich für das wirksamste Instrument der Charakterbildung, und zugleich für dasjenige, welches von dem politischen Zustand vollkommen unabhängig, und also auch ohne Hülfe des Staats zu erhalten ist.

Und hier ist es nun, Gnädigster Prinz, wo die Kunst und der Geschmack ihre bildende Hand an den Menschen legen, und ihren veredelnden Einfluss beweisen. Die Künste des Schönen und Erhabenen beleben, üben und verfeinern das Empfindungsvermögen, sie erheben den Geist von den groben Vergnügungen des Stoffes zum reinen Wohlgefallen an bloßen Formen, und gewöhnen ihn, auch in seine Genüsse Selbsttätigkeit zu mischen. Die wahre Verfeinerung der Gefühle besteht aber jederzeit darin, dass der höhern Natur des Menschen und dem göttlichen Teil seines Wesens, seiner Vernunft und seiner Freiheit, ein Anteil daran verschafft wird.

[…] Die Gesetze der Kunst sind nicht in den wandelbaren Formen eines gefälligen und oft ganz entarteten Zeitgeschmacks, sondern in dem Notwendigen und Ewigen der menschlichen Natur, in den Urgesetzen des Geistes, gegründet. Aus dem göttlichen Teil unsers Wesens, aus dem ewig reinen Ether [Äther] idealischer Menschheit strömt der lautere Quell der Schönheit herab, unangesteckt von dem Geist des Zeitalters, der tief unter ihm in trüben Strudeln dahin wallt. Daher kann auch die Kunst, mitten unter einem barbarischen und unwürdigen Jahrhundert, rein wie eine Himmlische wandeln, sobald sie nur ihres hohen Ursprungs eingedenk bleibt, und sich nicht selbst zur Sklavin niedrigerer Absichten und Bedürfnisse erniedrigt. So wandelt noch jetzt der Griechische Geist in seinen wenigen Überresten durch die Nacht unsers nordischen Zeitalters, und sein elektrischer Schlag weckt manche verwandte Seele zum Gefühl ihrer Größe auf.

Damit aber der Kunst nicht das Unglück begegne, zur Nachahmung des Zeitgeistes herunter zu sinken, den sie zu sich erheben soll, so muss sie Ideale haben, die ihr unaufhörlich das Bild des höchsten Schönen vorhalten, wie tief auch das Zeitalter sich entwürdigen mag […].«

Friedrich Schiller: Über die ästhetische Erziehung des Menschen in einer Reihe von Briefen. Hrsg. von Klaus Berghahn. Stuttgart: Reclam, 2000 [u. ö.]. S. 137–143.

4.4 Friedrich Schiller: Ankündigung der Zeitschrift *Die Horen* (1795)

»Zu einer Zeit, wo das nahe Geräusch des Kriegs das Vaterland ängstiget, wo der Kampf politischer Meinungen und Interessen diesen Krieg beinahe in jedem Zirkel erneuert, und nur allzuoft Musen und Grazien daraus verscheucht, wo weder in den Gesprächen noch in den Schriften des Tages vor diesem allverfolgenden Dämon der Staatskritik Rettung ist, möchte es eben so gewagt als verdienstlich sein, den so sehr zerstreuten Leser zu einer Unterhaltung von ganz entgegengesetzter Art einzuladen. In der Tat scheinen die Zeitumstände einer Schrift wenig Glück zu versprechen, die sich über das Lieblingsthema des Tages ein strenges Stillschweigen auferlegen, und ihren Ruhm darin suchen wird, durch etwas anders zu gefallen, als wodurch jetzt alles gefällt. Aber jemehr das beschränkte Interesse der Gegenwart die Gemüter in Spannung setzt, einengt und unterjocht, desto dringender wird das Bedürfnis, durch ein allgemeines und höheres Interesse an dem, was rein menschlich und über allen Einfluss der Zeiten erhaben ist, sie wieder in Freiheit zu setzen, und die politisch geteilte Welt unter der Fahne der Wahrheit und Schönheit wieder zu vereinigen.

Dies ist der Gesichtspunkt, aus welchem die Verfasser dieser Zeitschrift dieselbe betrachtet wissen möchten. Einer heitern und leidenschaftfreien Unterhaltung soll sie gewidmet sein, und dem Geist und Herzen des Lesers, den der Anblick der Zeitbegebenheiten bald entrüstet, bald niederschlägt, eine fröhliche Zerstreuung gewähren. Mitten in diesem politischen Tumult soll sie für Musen und Charitinnen [Grazien, Göttinnen der Anmut] einen engen vertraulichen Zirkel schließen, aus welchem alles verbannt sein wird, was mit einem unreinen Parteigeist gestempelt ist. Aber indem sie sich alle Beziehungen auf den jetzigen Weltlauf und auf die nächsten Erwartungen der Menschheit verbietet, wird sie über die vergangene Welt die Geschichte, und über die kommende die Philosophie befragen, wird sie zu dem Ideale veredelter Menschheit, welches durch die Vernunft aufgegeben, in der Erfahrung aber so leicht aus den Augen gerückt wird, einzelne Züge sammeln, und an dem stillen Bau besserer Begriffe, reinerer Grundsätze und edlerer Sitten, von dem zuletzt alle wahre Verbesserung des gesellschaftlichen Zustandes abhängt, nach Vermögen geschäftig sein. Sowohl spielend als ernsthaft wird man im Fortgange dieser Schrift dieses einzige Ziel verfolgen, und so verschieden auch die Wege sein mögen, die man dazu einschlagen wird, so werden doch alle, näher oder entfernter, dahin gerichtet sein, wahre Humanität zu befördern. Man wird streben, die Schönheit zur Vermittlerin der Wahrheit zu machen, und durch die Wahrheit der Schönheit ein daurendes Fundament und eine höhere Würde zu geben.«

Friedrich Schiller: Über die ästhetische Erziehung des Menschen in einer Reihe von Briefen. Hrsg. von Klaus Berghahn. Stuttgart: Reclam, 2000 [u. ö.]. S. 195 f.

5. Iphigenie – vom griechischen zum deutschen Mythos

5.1 Überblick

Euripides' Drama *Iphigenie bei den Taurern* (erste Aufführung um 412 v. Chr.) zeigt die Griechin mit ihren blutigen Rachegelüsten gegenüber Helena und Menelaos noch tief verstrickt in den Tantalidenfluch. Ganz anders als Goethes klassizistische Iphigenie ist sie hier noch nicht das spätere Ideal an Menschlichkeit und Selbstverantwortung. Humanität wird nicht gestiftet durch die sittliche Autonomie des verantwortlich handelnden Einzelnen, sondern bleibt gebunden an ein Göttliches außerhalb des Menschen: Nur das Eingreifen der Göttin Artemis (Diana) als *dea ex machina*[1] [»Göttin aus der (Theater-)Maschine«] beendet das Menschenopfer und ermöglicht die Flucht der Griechen (5.4).

Eine erhebliche Veränderung erfuhr auch der Tantalidenfluch, der erst durch die Bearbeitung Goethes die tiefe Bedeutung als »Zone des Unheils« (Adorno), als Ort einer vorzivilisatorischen Barbarei erhielt, in welcher der entmündigte Mensch der Willkür der Götter ausgeliefert ist.

Am 31. März 1827 hatte Goethe dem Schauspieler und Orest-Darsteller Krüger in ein *Iphigenie*-Exemplar die berühmte Sentenz geschrieben: »Alle menschlichen Gebrechen / sühnet reine Menschlichkeit«. Damit und durch seinen Vergleich Iphigenies mit der heiligen Agatha auf einem Gemälde Raphaels hatte bereits Goethe zu der späteren Verklärung des Dramas und der Titelfigur (vgl. 5.5) beigetragen.

Anselm Feuerbachs Gemälde der Iphigenie ist inspiriert vom Eingangsmonolog und zeigt eine klassizistische Sehnsuchtsfigur (5.6). In dieser Pose symbolisiert Iphigenie die Griechensehnsucht der deutschen Klassik als den zeitlos gewordenen Traum von einem höheren menschlichen Sein. Diese Sehnsucht wird nach Matuschek zum Ausdruck eines neuen, metaphysischen Daseinsgefühls und begründet eine für das 19. Jahrhundert typische Auffassung von der deutschen Klassik. Das Drama und seine Hauptfigur werden zum

1 Weibl. Form von *deus ex machina* (»Gott aus der Maschine«); im antiken Schauspiel der durch eine Theatermaschine herabgelassene Gott, der die dramatischen Verwicklungen löst.

Inbegriff einer eigenen Welt des Geistigen und Idealen außerhalb aller Zeitlichkeit und Wirklichkeit. In einer Zeit schwindender Religiosität verspricht diese weltliche Heilige Erlösung von den Niederungen der Wirklichkeit kraft ihrer versöhnenden Ausstrahlung und trägt als »Herzstück« der Weimarer Klassik zur kulturellen Identität der Deutschen und ihrer »Bildungsmission« im werdenden Nationalstaat bei (vgl. Matuschek, 5.7).

Angesichts einer solchen Mystifizierung des Dramas und seiner ins Madonnenhafte gesteigerten Titelfigur fand die Modernität der *Iphigenie*, die aus Goethes Veränderungen gegenüber dem griechischen Mythos resultierte, bis in die Mitte des 20. Jahrhunderts hinein zu wenig Beachtung. Erst danach erfolgte eine konsequente Einordnung des Dramas in den ideengeschichtlichen Zusammenhang der Aufklärung.

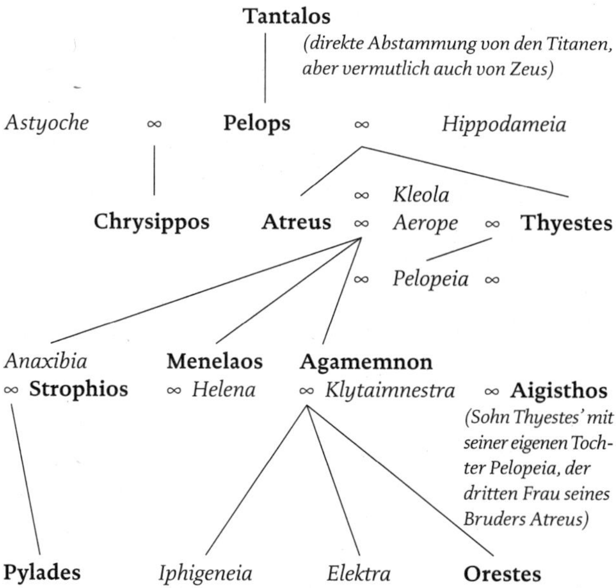

Anmerkung:

Zur besseren Übersicht sind nur die männlichen Nachfahren des Tantalos hervorgehoben, zumal es sich bei dem Tantalidenfluch vornehmlich um barbarisch ausgetragene innerfamiliäre Thronfolgekämpfe um den Königsthron von Mykene handelt. Zu den weiteren, hier nicht angeführten Opfern des blutigen Thronstreits zählten ein Sohn des Atreus aus seiner ersten Ehe mit Kleola und zwei Söhne Thyestes' aus der ehebrecherischen Beziehung mit seiner Schwägerin Aerope, der zweiten Frau seines Bruders Atreus (vgl. V. 364–388).

5.3 Peter Hacks: »Iphigenie oder: Über die Wiederverwendung von Mythen« (1963)

»Tantalos zeugte den Pelops. Pelops zeugte den Atreus und den Thyestes. Atreus zeugte den Agamemnon, Agamemnon den Orest. In den unmittelbaren Begebenheiten dieser fünf Herren ereigneten sich die Schlachtung und Verspeisung von 6 Knaben, der Diebstahl 1 goldenen Hundes und 1 goldenen Lammes, 2 der klassischen und beispielgebenden Fälle von Homosexualität, 2 Schändungen von Töchtern durch ihre Väter, 1 Vatermord, 1 Muttermord, 1 Gattenmord, 1 Tochtermord, nicht zu rechnen Selbstmorde, Ehebrüche und minder intime Bluttaten unter Verwandten zweiten oder noch entfernteren Grades. Solche Vorfälle heimeln auch den modernen Leser an und gewähren ihm Befriedigung.«

Peter Hacks: Iphigenie oder: Über die Wiederverwendung von Mythen. In: Ders.: Die Maßgaben der Kunst. Berlin: Eulenspiegel Verlag, 2003. (Werke. 13.) –

5.4 Euripides: *Iphigenie bei den Taurern*

THOAS

(nach rechts rufend, von wo bewaffnetes Volk herbeieilt)
Ihr Bürger alle dieses Taurerlandes, auf!
Zäumt eure Rosse schnell und sprengt zur Küste hin,
Wo des Hellenenschiffes Strandgut euer harrt,
Und mit dem Beistand unsrer Göttin Artemis
Fangt mir die gottvergessnen Räuber wieder ein!
Zieht auch die schnellen Schiffe in die Flut!
Zur See wie auf dem Land zu Pferde wollen wir
Sie fassen und vom schroffen Fels hinab ins Meer
Dann stürzen oder spießen auf den spitzen Pfahl!
(Zum Chor [bestehend aus 15 griechischen weiblichen Kriegsgefangenen].*)*
Euch aber, die ihr wohl gewusst um diesen Trug,
Euch Frauen, straf ich später, wenn ich Muße hab.
Jetzt aber bleib ich nicht untätig; das Gebot
Der Stunde lässt mir keine Zeit zum Ruhen mehr.

ATHENE

(vom Tempeldach herabsprechend)

Wohin, wohin willst du mit den Verfolgern hier,
Thoas? Vernimm, was ich, Athene, dir jetzt sag!
Gib die Verfolgung auf und stau des Heeres Strom!
Geführt vom Schicksal und Apollons Spruch gemäß
Erschien Orestes hier, verfolgt auch von dem Zorn
Der Eumeniden, um die Schwester heimzuholn
Nach Argos und das heil'ge Bild in meine Stadt,
Auf dass er werd' erlöst von aller seiner Not.
Das hab ich dir zu sagen. Doch Orest, den du
In Meeresbrandung fangen, den du töten willst,
Ihn trägt Poseidon mir zulieb' in sicherm Schiff
Jetzt schon dahin auf wogenloser Meeresbahn.

(Nach links sprechend.)

Auch du, Orestes, achte wohl auf mein Gebot –
Du hörst der Göttin Stimme, bist du auch schon fern –
Zieh hin mit deiner Schwester und dem Götterbild,
Und wenn du kommst zum Götterbau, zur Stadt Athen,
So such an Atthis Rand den heil'gen Ort, dicht bei
Karystos' Klippen, von dem Volk Halä genannt!
Dort baue einen Tempel und stell auf das Bild
Und nenn es nach dem Taurerland und nach dem Leid,
Das du erduldet, als der Eumeniden Wut
Dich trieb durch Hellas! Künftig heißt Tauropolos
Die Letotochter im Gesang der Sterblichen.
Und stifte diesen Brauch: Begeht man als Ersatz
Für deinen Opfertod das Fest, so ritz' der Stahl
Der Priestrin blutig nur den Nacken eines Manns,
Damit der Göttin heil'ges Recht gewahret bleib'.
Du, Tochter Agamemnons, wirst auf heiligen
Berghöhn von Brauron Priesterin der Artemis.
Einst wirst du dort bestattet, und als Ehrengab'
Wird dir so manches schöngewebte Kleid geweiht,
Das Frauen, die, von Kindesnot dahingerafft,
Zurückgelassen.

(Zu Thoas.)

Diese Griechenfrauen hier

Sollst du alsbald heimsenden aus dem Taurerland.
Dein wackrer Sinn ließ mich auch dich, Orest, befrein
Am Areshügel durch der Stimmen gleiche Zahl.
So gelte denn in Zukunft folgendes Gesetz:
Wer gleiche Stimmenzahl erhält, der hat gesiegt.
So führe deine Schwester fort aus diesem Land,
Sohn Agamemnons, und du, Thoas, zürne nicht!

THOAS

Herrin Athene, wer der Götter Ruf vernimmt
Und den Gehorsam ihm verweigert, ist ein Tor.
Ich zürne dem Orestes nicht, dass er das Bild
Der Göttin uns entführt, auch seiner Schwester nicht.
Wie ziemte Kampf mit Göttern, die so mächtig sind?
Sie mögen ruhig ziehen in dein Land und dort
Aufstellen unter guten Zeichen jenes Bild!
Auch diese Frauen schick ich ins gesegnete
Hellenenland, wie du es mir befohlen hast.

Euripides: Iphigenie bei den Taurern. Übers. von Johann Jacob Christian Donner. Stuttgart: Reclam, 1994. S. 67–69.

5.5 Hippolyte Taine: »St. Odile et Iphigénie en Tauride« (1868)

»Sie ist in Tauris, wohin Diana sie als ihre Priesterin gebracht hat. Der heilige Pinienhain fällt zum Meer hin ab, und der sanfte Wind wiegt unaufhörlich die harmonischen Wipfel, während die Wellen in stummem Rauschen gegen den Strand schlagen. Die Tochter Agamemnons steigt die Tempelstufen hinab. Wie hört man in ihr, von ihren ersten Worten an, die Schwester der edelsten griechischen Statuen! So sprachen die Göttinnen Homers und die Jungfrauen des Aischylos. – Wir kennen dieses ernste Schreiten und diese ruhige Haltung von der Pallas Athene- und den Artemis-Figuren unserer Museen. Wir haben lange diese heitere und unsterbliche Schönheit der vollendeten Form betrachtet, diese geraden Falten des fallenden Gewands, diese nackten Füße, die so weiß sind wie die Marmorstufen, auf denen sie stehen, diese großen, offenen Augen, die über die Wechselfälle des Lebens hinaus die unbeweglichen Tiefen der Natur und des Schicksals zu sehen scheinen. Manchmal, wenn ein Sonnenstrahl in die graue Luft der Galerie fiel, haben wir zu sehen geglaubt, wie ihre Geste sich vollendet, ihr Gewand sich bewegt und ihre ewig geschlossenen Lippen sich öffnen, um Worte zu formen. Was gäbe man nicht, um sie zu hören! Mit welch tönendem, vollem Akzent muss ihr langsamer Sprechgesang in den Palästen der Götter widerhallen! – Man hört ihn hier so gut wie bei den alten Tragikern. Es ist keine Rede wie unsere, sondern ein ernster Gesang, dessen Rhythmus sich um den Gedanken, den er trägt, herum entfaltet, wiederholt und beugt wie eine Athener Prozession um das Heiligenbild herum, das sie mitführt. Es ist eine Priesterin, die spricht; seit so vielen Jahren von den Menschen getrennt, der Göttin so nah, eingenistet am Fuße des Altars, ›steigt ihre Seele wie die Flamme des Heiligtums in den lichten Äther der Unsterblichen.‹

Sie berührt ihn, ohne die Erde zu verlassen; denn das Göttliche ist auf der Erde, und für so eine Seele heißt Schauen Beten. – Nichts Unruhiges, nichts Übertriebenes ist in ihrem Gottesdienst; alles daran ist natürlich, und alles daran ist gesund; wenn man wissen will, worin das wahre religiöse Empfinden besteht, muss man hierher kommen; es ist keine Ekstase, sondern Hellsichtigkeit; was es begründet, ist die Gabe, die Dinge im Großen und im Guten zu sehen; es ist die feine Vorhersehung, die durch das Gewirr der Ereignisse und die greifbaren Formen der Gegenstände hindurch die Zeugungskräfte und die unsichtbaren Gesetze erfasst; es ist die Fähigkeit, die inneren Götter zu verstehen, die in den Dingen wohnen und von denen die Dinge selbst nur die Außenseite sind. Ein solches Empfinden stellt die Götter nicht gegen die Natur, es lässt sie in ihr, vereint mit ihr, wie die Seele mit dem Körper.«

Hippolyte Taine: St. Odile et Iphigénie en Tauride. In: Lesehefte der Freien Waldorfschulen. Französische Reihe. Nr. 3. Stuttgart: Verlag Freies Geistesleben, [1950]. S. 7f. – Übersetzt von Stefan Matuschek.

5.6 Anselm Feuerbach: Iphigenie (1871)

Abb. 4: Anselm Feuerbach (1829–1880): Iphigenie II (1871)

5.7 Stefan Matuschek: »Klassisches Humanitätsideal: Goethes Iphigenie und ihr Nachhall« (2006)

»Goethes Iphigenie trägt eine Botschaft. Sie verkörpert ein ethisches Ideal: die Selbstbestimmung und Selbstverantwortung des einzelnen Menschen. Goethes Schauspiel stellt es so dar, dass diese Selbstbestimmung den Einzelnen aus aller religiösen und auch politischen Bevormundung befreit, ihn aber in dieser Freiheit zugleich Rücksicht üben und das Einverständnis des anderen suchen lässt. Das ist Goethes Änderung der mythischen Vorlage: Nicht die Intrige und auch keine dea ex machina befreien Iphigenie aus ihrem Exil, sondern ihre Offenheit gegenüber Thoas und ihr Vertrauen auf menschliches Verständnis und Einverständnis. Goethes viel zitierter Selbstkommentar, seine Iphigenie sei ›verteufelt human‹, deutet den antireligiösen Impuls an, der darin liegt, dass hier alle Moral allein auf die menschliche Selbstverantwortung gegründet wird. Das hat auch eine politische Dimension, wenn Iphigenie die fehlende moralische Rechenschaft des absoluten Herrschers anklagt. ›Ein wildes Lied‹ nennt Thoas das, und das ist es nicht nur für ihn, sondern wohl für alle Ohren zur Zeit des Absolutismus, in der dieses Schauspiel entstand. Die Botschaft von individueller Freiheit und Selbstbestimmung verdankt sich natürlich nicht Goethe allein, sondern der europäischen Aufklärungsphilosophie und ihrem Ziel, die Autonomie des Einzelnen mit den Ordnungsbedürfnissen der Gemeinschaft überein zu bringen. Wenn Goethe dieses Ziel durch den Charakter und die unerhörte Tat (dass sie die eigene Intrige offen legt) seiner Iphigenie erreichen lässt, kleidet er ein aktuelles philosophisches Ideal ins antike Gewand. Er folgt damit der durch Johann Joachim Winckelmann begonnenen Idealisierung der griechischen Antike, die sie zur Projektionsfläche der eigenen, gegenwärtigen Wunschvorstellungen macht. ›Das Land der Griechen mit der Seele suchend‹: mit diesem Vers aus ihrem Auftrittsmonolog spricht Goethes Iphigenie selbst das Motto zu dieser klassizistischen Graecophilie. In der Vorstellung von der ›Weimarer Klassik‹, die dann das 19. Jahrhundert zum Zweck der kulturellen Nationenbildung Deutschlands entwickelt, gewinnt diese Iphigenie eine Schlüsselstellung. Sie wird zu deren Herzstück, zum klassischen Humanitätsideal, womit sie ganz neue mythische Züge annimmt. Der griechische verwandelt sich in einen deutschen Mythos. Iphigenie steht insgesamt für die Weimarer Klassik und deren humanistische Bildungsmission.«

Stefan Matuschek: Klassisches Humanitätsideal: Goethes Iphigenie und ihr Nachhall. In: Mythos Iphigenie. Hrsg. von St. M. Leipzig: Reclam, 2006. S. 173 f.

6. Der Geist der Aufklärung

6.1 Überblick

Bereits beim Vergleich mit der Tragödie des Euripides wird die »aufklärerische« Modernität von Goethes *Iphigenie* deutlich, da erst hier die Autonomie des Menschen hergestellt wird. Indem Iphigenie schließlich den freien menschlichen Willen als einzige Richtschnur des Guten geltend macht, verpflichtet sie sich der »Autonomie des Willens«, nach Kant das oberste Prinzip der Sittlichkeit. Denn wenn Iphigenie sich schließlich über die von Pylades zur Umsetzung des Fluchtplans vorgebrachten höchst pragmatischen Argumente und seine angeblichen Sachzwänge hinwegsetzt und wenn sie Thoas gegenüber die freie Willensentscheidung betont, wendet sie Kants Vorstellung vom freien Willen als einem Prinzip an, das keinen Zwängen unterworfen ist. Auch der universale Humanitätsanspruch, wie er im berühmten Dialog des fünften Akts zwischen Thoas und Iphigenie zum Ausdruck kommt, entspricht der Philosophie Kants, wonach die Freiheit des Willens für alle Menschen gilt.

Wolfdietrich Rasch (1979) erkennt im Autonomieanspruch Iphigenies gegenüber Thoas und den Göttern die Voraussetzung zur sittlichen Verantwortung des Menschen im Sinne der Aufklärung. Der Tantalidenfluch mit seinen »zornigen, drohenden, strafenden Göttern, die in despotischer Willkür blinden Gehorsam verlangen, auch wenn sie Gewalttat und Unrecht befehlen«, stehe im Verhältnis einer Analogie zur orthodoxen christlichen Lehre von einer Erbsünde, die von der Aufklärungsbewegung des 18. Jahrhunderts und von Goethe persönlich abgelehnt wurde. Denn indem weder der Fluch noch die Erbsünde aus eigener Kraft von den Menschen aufgehoben werden können, wird menschliche Autonomie beeinträchtigt, werden Menschen abhängig von göttlicher Willkür oder Gnade. Die in dem Drama angelegte Emanzipation von solchen Gottesvorstellungen fördere zugleich – ganz im Sinne der Aufklärung – die »Herausbildung der Autonomie des Menschen« und bewirke damit auch »die Distanzierung vom reinen Absolutismus der weltlichen Herrschaft«.

Ähnlich sieht Dieter Borchmeyer (1981) die unbedingte Wahrheit der Titelheldin als Voraussetzung einer Beendigung des Tantalidenfluchs und damit »als Befreiung vom Erbzwang des Bösen«. Diese besondere Bedeutung der Wahrheit, ohne die menschliche Autonomie nicht möglich wäre, sei wiederum nur vor dem Hintergrund der Aufklärung zu verstehen. Der Weg Iphigenies von Zweifeln an dem sinnvollen Walten der Götter bis zur offenen Kritik an deren Willkürherrschaft im Parzenlied ist für Borchmeyer zugleich Chiffre für ungerechte irdische Herrschaft im absolutistischen Zeitalter. Denn unmittelbar nach dieser Szene greife Iphigenie mit gleichen Argumenten und Bildern die Herrscherwillkür Thoas' an. Das neue, partnerschaftliche Verhältnis zwischen Gottheit und Iphigenie finde daher seine Entsprechung in einer neuen Beziehung zwischen Fürst und Untertan.

6.2 Wolfdietrich Rasch: *Goethes ›Iphigenie auf Tauris‹ als Drama der Autonomie* (1979)

»Nach griechischer Auffassung konnte Zeus nach seinem Gefallen, wie Iphigenie am Beispiel der Atriden zeigt, die moralischen Kräfte im Menschen ausschalten. Die orthodoxe Kirchenlehre leugnete die Möglichkeit, aus eigener Kraft der Schuld zu entgehen; Gott hat den Menschen nach dem Sündenfall in seiner Verderbtheit belassen und ihm jene autonome moralische Kraft nicht zugestanden, die Zeus den Atriden nahm. Luther erklärte, so lange noch ein Mensch glaubt, ›er vermöge noch ein klein wenig für seine Rettung zu tun, bleibt er in Zuversicht auf sich selbst und verzweifelt nicht von Grund an sich‹, er demütigt sich nicht vor Gott und bleibt deshalb der Gnade fern. Die gesamte Aufklärung widersprach mit Entschiedenheit dieser Auffassung, auch Goethe, woran ich bereits erinnert habe. Er lehnte die Lehre ab, ›daß die menschliche Natur durch den Sündenfall dergestalt verdorben sei, daß auch bis in ihren innersten Kern nicht das mindeste Gute an ihr zu finden, deshalb der Mensch auf seine eigenen Kräfte durchaus Verzicht zu tun habe‹. Noch sehr spät hat Goethe diese Anschauungsweise, die eine Konstante seines Denkens ist, bestätigt. ›Wenn gewisse Erscheinungen an der menschlichen Natur, betrachtet von seiten der Sittlichkeit, uns nötigen, ihr eine Art von radikalem Bösen, eine *Erbsünde* zuzuschreiben, so fordern andere Manifestationen derselben: ihr gleichfalls eine *Erbtugend*, eine angeborene Güte […] zuzugestehen.‹ Diese ›Erbtugend‹ sieht auch Iphigenie im Menschen, und eben die menschliche Fähigkeit zum Guten, die auch die Atriden besaßen, ›verbarg‹ Zeus ihrem Blick, schaltete sie aus. Indem sie diese Maßnahmen der Götter und deren ›Haß‹ auf die Atriden mitteilt, stellt Iphigenie die Götter bloß. Die bewußte Ausschaltung der moralischen Fähigkeiten bei den Menschen muß als besonders bösartig erscheinen, und sie beeinträchtigt in besonderem Maße die menschliche Autonomie, macht den Menschen gänzlich abhängig von der göttlichen Willkür.

Aus dem gleichen Grunde lehnte die Aufklärung das Dogma von der Erbsünde ab. Da es die eigenen moralischen Kräfte des Menschen als letztlich unwirksam erklärte und ihn gänzlich von der göttlichen Gnade abhängig machte, war der Mensch auf eine rein theonome Existenz angewiesen. Der Aufklärungstheologie galt es als ein Widerspruch zur absoluten Güte Gottes, daß er alle Menschen wegen Adams Ungehorsam gegen ihn nach der orthodoxen Lehre mit Adams Schuld belastet hatte. Insofern ist der Atridenfluch ein verkleinertes Modell der Erbsünde. Iphigenies Klage: ›Ach und sein ganz Geschlecht trug ihren Haß‹, die auf Tantalus' Geschlecht bezogen ist, läßt sich gleichsam auf Adams Geschlecht übertragen und auf den strafenden Haß Jahwes.«

Wolfdietrich Rasch: Goethes ›Iphigenie auf Tauris‹ als Drama der Autonomie. München: Beck, 1979. S. 103f. –

6.3 Dieter Borchmeyer: »Iphigenie auf Tauris« (1992)

»Auf ihr ›Erweckungserlebnis‹ – die Entrückung durch Diana – bauend, wähnt Iphigenie sich lange in gänzlichem Einvernehmen mit den Göttern. Im Eingangsmonolog leitet sie aus der selbstverständlich angenommenen Intaktheit ihrer Familie geradezu den Anspruch ab, den Ihren zurückgegeben zu werden. Zug um Zug wird indessen der Glaube an die glückliche Bewahrung ihrer Familie durch die Götter zunichte gemacht. Als sie nun durch die von ihr verlangte Lüge ebenfalls in den Zwangszusammenhang des Verbrechens der Tantaliden hineingezogen zu werden droht – ›die ehr'ne Hand der Not‹, die das ›oberste Gesetz‹ der Welt sei, gebiete diese Lüge, schärft der Fatalist Pylades ihr ein (V. 1680–86) –, erwacht ihr Zweifel an dem sinnvollen, Sittlichkeit verbürgenden Walten der Götter. In dieser Situation am Ende des vierten Aufzugs singt sie das ›Lied der Parzen [...] / Als Tantalus vom goldnen Stuhle fiel‹ (V. 1720–66). In diesem Lied, in dem der Haß der Titanen auf die Olympier nachwirkt, wird – wie im *Prometheus* des jungen Goethe – die Willkürherrschaft der Götter zum Pendant, ja zur Chiffre ungerechter irdischer Herrschaft, noch unaufgeklärt-absolutistischer Regierung. Die Götter brauchen die Herrschaft, ›wie's ihnen gefällt‹; wen sie heute erheben – das Schicksal der fürstlichen Favoriten –, den stürzen sie morgen und bannen ihn gleichsam mit einer ›lettre de cachet‹ [königlicher Haftbefehl] in die Bastille des Tartaros, wo er vergebens ›gerechten Gerichtes‹ harrt.

[…] Daß die gleichen Maßstäbe auf Religion (Götter) und Politik (Herrschende) angewandt werden, zeigt Iphigenies Auftritt nach dem Parzenlied. ›Die heil'ge Lippe tönt ein wildes Lied‹, hält Thoas ihr vor (V. 1821). Gemeint ist Iphigenies Anklage gegen irdische Herrscherwillkür (V. 1812–20). Man hat hier von einem ›zweiten Parzenlied‹ gesprochen. In der Tat lehnt Iphigenie sich mit den gleichen Argumenten und Bildern gegen die alte Götter- und Herrscherwillkür auf. Entsprechend findet das neue Verhältnis zwischen Mensch und Gottheit, dessen Konstituierung im Mittelpunkt des Schauspiels steht, sein Korrelat in einer neuen Beziehung zwischen Fürst und Untertan. Iphigenies ›Bild‹ der Götter ist zugleich ihr Bild der guten Regierung. Gott ist nicht der ›Ganz Andere‹, von dem man sich kein Bild machen soll, sondern sein Wesen wird im Gegenteil nach dem Modell der Humanität, nach dem Bild des guten Menschen entworfen. ›Edel sei der Mensch, / Hilfreich und gut!‹ heißt es in Goethes Hymne *Das Göttliche* (1783); dadurch werde er den Göttern ähnlich: ›Sein Beispiel lehr' uns jene glauben.‹ Der ›edle Mensch‹ ist also der berühmten Hymne gemäß das ›Vorbild jener geahneten Wesen‹. Hier wird der Bericht der Genesis, daß Gott den Menschen nach seinem Bilde schuf, genau umgekehrt. Iphigenies verzweifelter Ausruf am Ende des vierten Aufzugs: ›Rettet mich, / Und rettet euer Bild in meiner Seele!‹ (V. 1716 f.) bezieht sich auf jenes nach dem Vorbild der Humanität entworfene Gottesbild. ›Iphigenie bittet die Götter, den Ermöglichungsgrund für den Glauben an sie zu stiften.‹

Sollte die ›taube Not‹ (V. 1707), welche alle Hoffnung auf Autonomie zunichte macht, Iphigenie jedoch zum Verbrechen des Kultbildraubs (der vermeintlichen Bedingung der Entsündigung Orests) und zum Betrug des Königs zwingen, dann wäre der Beweis für die Unentrinnbarkeit des Atridenfluchs, für die Prädestination auch Iphigenies zum Bösen erbracht. Der Atridenfluch ist verschiedentlich als Chiffre der Erbsünde bzw. der Prädestinationslehre gedeutet worden, welche für die Aufklärung, als Hindernisse auf dem Wege zur Autonomie, Skandala par excellence gewesen sind. Iphigenie sucht ganz im Geiste der Aufklärung aus eigener Kraft, auf autonom menschlichem Wege den mythischen Erbzwang, die durch den Atridenfluch ausgelöste Kettenfolge des Verbrechens aufzuheben. […]

Die ›Reinheit‹ ist die Conditio sine qua non [notwendige Bedingung] der ›Entsühnung‹. Würde erstere durch die von Iphigenie verlangte Lüge getrübt, so wäre auch letztere nicht mehr denkbar; der Fluch erwiese sich als unaufhebbar, menschliche Autonomie wäre dann ebensowenig möglich wie die ›Gutheit‹ der Götter oder die Gerechtigkeit der Herrschaft. Die Lüge würde also den Sinn der Existenz Iphigenies zerstören! Diese eminente Bedeutung des Wahrheitsproblems ist nur vor dem Hintergrund der Aufklärung zu verstehen.«

Dieter Borchmeyer: Iphigenie auf Tauris. In: Interpretationen. Goethes Dramen. Hrsg. von Walter Hinderer. Stuttgart: Reclam, 1992 [u. ö.]. S. 142–145.

7. Thoas und das Barbarische

7.1 Überblick

Das Bild von Thoas als einem gefährlichen Barbaren, der durch Iphigenie missioniert wird, wurde in der jüngeren Forschung erheblich revidiert. So übertrifft etwa der Einklang der fünf Figuren in diesem *geschlossenen Drama* bei weitem die Gegensätze, die sich aus dem dramatischen Konflikt ergeben. Die angeblichen Barbaren Thoas und Arkas sprechen nicht nur die gleiche Kunstsprache wie die Griechen, erweisen sich nicht nur als deren ebenbürtige Dialogpartner, sondern wirken durch das Raffinement im wechselseitigen Wortspiel wie Teilnehmer in einem gemeinsamen »eingestimmten Zirkel«, was Hackert mit dem ursprünglichen Charakter des Dramas als Hofdichtung erklärt (7.2).

Solche Dialoge, die sich oft als Diskurse, als intellektuelles Streitgespräch zur Frage einer Humanisierung der Gesellschaft lesen, verraten bereits viel vom humanen Geist dieser »Barbaren«. Immer wieder ist daher auf die Ungerechtigkeit des Ausgangs des Dramas hingewiesen worden, der dem Skythenkönig uneigennützige Entsagung abverlangt, um eine humane Lösung zu ermöglichen: Während den Griechen alle Wünsche erfüllt werden, wird Thoas als der eigentlich kantianisch Handelnde inmitten ungeklärter privater und innenpolitischer Probleme zurückgelassen. Adorno (7.3) betrachtet diesen Ausgang als einen Mangel des Dramas, dagegen erkennt Meier (7.4) in der Umkehrung der traditionellen »Wert-Hierarchie« von Kulturvolk und Barbaren Goethes Distanz zur Antike und seinen Neuansatz aus dem Geist der deutschen Klassik.

7.2 Fritz Hackert: »Iphigenie auf Tauris« (1980)

»›[Goethes *Iphigenie*] ist ja für das Amateurtheater am Hof geschrieben und fast nur von Dilettanten uraufgeführt worden. Die Proben waren ein Bestandteil höfischer Geselligkeit, bei der die Privilegien nur noch pro forma gewahrt wurden (Goethe war noch nicht geadelt, als sein Orest den allerhöchsten Pylades, Serenissimus selbst zur Seite hatte). Noch in der Diktion einzelner Verspartien erkennt man diesen Tonfall gezierter Konversation.‹ Vor allem äußert er sich in den Wortspielen des stichomythisch-sentenziösen Dialogs [...].

›Iphigenie. O reiche mir die Hand zum schönen Zeichen. Thoas. Du forderst viel in einer kurzen Zeit. Iphigenie. Um Guts zu thun brauchts keiner Ueberlegung. Thoas. Sehr viel ob aus dem Guten böses nicht entspringe! Iphigenie. Zweifel schadet dem Guten mehr als das Böse selbst‹ [...].

Rhetorisch verlangt diese gedrechselte Dialektik den eingestimmten Zirkel, dem die *Iphigenie* wie übrigens auch der *Tasso* vor ihrer Aufführung partienweise zu Gehör gebracht wurde. Doch soll damit der Form ihr Appellcharakter nicht abgesprochen werden. Nur lag dem poetischen Aufruf zur Edelmutspose die einverständige Intimität zugrunde, die das Konfliktmoment zum angenehmen Kitzel dämpfte und in der Lösung eine fraglose Selbstbestätigung erfuhr. Das Gemälde, das Georg Melchior Kraus von der Erkennungsszene mit Goethe als Orest und Corona Schröter als Iphigenie gemalt hat, ›atmet in seiner süßlichen Idealität den gleichen Geist, den die Berichte verraten. ‚Man glaubte einen Apollo zu sehen', schrieb Knebel über Goethe an Lavater.‹ Die *Iphigenie* war für ihr erstes Publikum nichts weniger als ein ›Ärgernis‹, und gerade deshalb braucht man ihren Verfasser, wenn er sie später im Rückblick auf den Überschwang jener so wilden wie schönen Jahre als doch ›verteufelt human‹ (Brief an Schiller vom 19.1.1802) empfand, nicht gegen ihn selbst in Schutz zu nehmen. Das Übermaß gefühliger Bekenntnisse, das in der Gruppeneuphorie der ersten Weimarer Zeit und ihrer Umstände gründete, war ihm bei der Fertigstellung des Stücks in Rom schon unbehaglich geworden. Buchstäblich dem Hinweis einer gewissen ›Süßlichkeit‹ folgend, erweist eine statistische Stichprobe, daß der betreffende Wortgebrauch gegenüber dem Prosatext um zwei Drittel eingeschränkt wurde.«

Fritz Hackert: Iphigenie auf Tauris. In: Goethes Dramen. Neue Interpretationen. Hrsg. von Walter Hinderer. Stuttgart: Reclam, 1980. S. 152f., 165.

7.3 Theodor W. Adorno: »Zur Klassizität von Goethes ›Iphigenie‹« (1967)

»Das Gefühl einer Ungerechtigkeit, die darum dem Schauspiel zum Schaden gereicht, weil es objektiv, der Idee nach beansprucht, mit Humanität realisiere sich Gerechtigkeit, rührt daher, daß Thoas, der Barbar, mehr gibt als die Griechen, die ihm, mit Einverständnis der Dichtung, human überlegen sich dünken. Goethe, der das zur Zeit der endgültigen Niederschrift muß innerviert [gespürt] haben, hat all seine Kunst daran gewendet, das Stück vor dem Einwand zu behüten; der Verlauf der Iphigenie in ihren späteren Akten ist die Apologie [Verteidigung] von Humanität gegen ihr immanent Inhumanes. Um solcher Verteidigung willen wagt Goethe ein Äußerstes. Iphigenie, gehorsam dem kategorischen Imperativ der damals noch ungeschriebenen Kritik der praktischen Vernunft, desavouiert [leugnet] aus Freiheit, aus Autonomie ihr eigenes Interesse, das des Betrugs bedarf und damit den mythischen Schuldzusammenhang wiederholt. Wie die Helden der Zauberflöte achtet sie das Gebot von Wahrheit und verrät wie sich selbst die Ihren, die einzig dank der Humanität des Barbaren gerettet werden. Die große Schlußszene mit Thoas dann trachtet, durch einen Takt, der dem gesellschaftlichen abgelernt ist, durchs Ritual von Gastfreundschaft, bis zur Unkenntlichkeit abzuschwächen, was geschieht: daß der Skythenkönig, der real weit edler sich verhält als seine edlen Gäste, allein, verlassen übrig ist. Der Einladung wird er schwerlich folgen. Er darf, eine Sprachfigur Goethes anzuwenden, an der höchsten Humanität nicht teilhaben, verurteilt, deren Objekt zu bleiben, während er als ihr Subjekt handelte. Das Unzulängliche der Beschwichtigung, die Versöhnung nur erschleicht, manifestiert sich ästhetisch. Die verzweifelte Anstrengung des Dichters ist überwertig, ihre Drähte werden sichtbar und verletzen die Regel der Natürlichkeit, die das Stück sich stellte. Man merkt die Absicht und man wird verstimmt. Das Meisterwerk knirscht in den Scharnieren: damit verklagt es den Begriff des Meisterwerks.«

Theodor W. Adorno: Zum Klassizismus von Goethes »Iphigenie«. In: Ders.: Noten zur Literatur IV. Hrsg. von Rolf Tiedemann. Frankfurt a. M.: Suhrkamp, 1974. (Gesammelte Schriften. Hrsg. von Rolf Tiedemann unter Mitw. von Gretel Adorno [u. a.]. Bd. 11.) S. 495–514 [Auszug. Erstpublikation 1967 unter dem Titel: »Zur Klassizität von Goethes ›Iphigenie‹«]. –

7.4 Albert Meier: »Johann Wolfgang Goethe. ›Iphigenie auf Tauris. Ein Schauspiel‹ (1779/87)« (2008)

»Nicht Iphigenie, Orest und Pylades sind es, die den Preis des Sittengesetzes zu entrichten haben, sondern allein die Taurer, denen nicht einmal vergönnt wird, mit dem Triumph der Griechen nicht einverstanden zu sein. Dass *Iphigenie auf Tauris* ›ganz verteufelt human‹ [Goethe an Schiller, 19. Januar 1802] ist, liegt zuallererst in dieser ethischen Asymmetrie begründet, die ein Paradox zur Folge hat. Die Geschichte der Tantaliden steht für Gewalt und erst die Durchbrechung dieses Gewaltzusammenhangs kann die von Iphigenie ersehnte Lösung bringen: ›Soll dieser Fluch denn ewig walten? Soll / Nie dies Geschlecht mit einem neuen Segen / Sich wieder heben?‹ Das gelingt freilich nur, indem den Skythen zwar keine körperliche Gewalt mehr angetan wird, umso mehr aber eine moralische. Iphigenie braucht die Freiwilligkeit auf Seiten von Thoas und erzwingt sie in einer ethischen Erpressung, die Goethe auffällig sarkastisch formuliert: ›Sieh uns an! Du hast nicht oft / Zu solcher edeln Tat Gelegenheit. / Versagen kannst du's nicht; gewähr es bald!‹

Voll und ganz im Sinne kantianischer Gesetzesstrenge handelt nur Thoas, der uneigennützig entsagt, während sich den Atriden jeder Wunsch erfüllt. Dass dem Taurerkönig das letzte Wort gehört, dessen Abgepresstheit in der Lakonie des ›Lebt wohl!‹ überdeutlich wird, ist schlüssig, weil der Skythe sittlicher handelt als die Griechen. Schiller hat diese Überlegenheit herausgehört: ›So ist es eine vorzügliche Schönheit in der deutschen Iphigenia, daß der taurische König, der einzige, der den Wünschen Orests und seiner Schwester im Wege steht, nie unsre Achtung verliert und uns zuletzt noch Liebe abnötigt‹. In dieser Umkehrung der Wert-Hierarchie, in der ein Barbar die Griechen übertrifft, kommt der eigentliche Neuansatz Goethes zum Tragen. Es ist nicht die exilierte Iphigenie, in deren Heimatsehnsucht sich die Griechenferne des sentimentalischen und daher graecophilen Dichters wiedererkennen würde. So wie die Handlung um Iphigenie auf der Differenz von Kulturvolk und Barbaren fußt, so spiegelt Goethe an diesem Stoff die eigene Distanz zur Antike und schreibt seinem ›modernen‹ Werk die Klassik/Romantik-Differenz ein, in deren Licht die Taurer den Griechen zwangsläufig mehr als nur ebenbürtig sind.«

Albert Meier: Johann Wolfgang Goethe. ›Iphigenie auf Tauris. Ein Schauspiel‹ (1779/87). In: Ders.: Klassik – Romantik. Unter Mitarb. von Stephanie Düsterhöft. Stuttgart: Reclam, 2008. S. 254 f.

8. Theater in der Kritik – Rolf Michaelis: »Der schöne Mut zur Menschlichkeit« (1977)

»Plattenspieler auf dem Boden, Zettel an der Wand auch zwei Stunden später, wenige Meter entfernt, auf Peymanns Bühne von Goethes ›Iphigenie‹ (Bühnenbild und Kostüme: Ilona Freyer). Im langen, weißen Mantel einer Labor-Arbeiterin betritt Kirsten Dene als Iphigenie die Szene. Sie streift vorbei an ihren drei Staffeleien, auf denen große Schreibtafeln stehen, schaut auf die Notizzettel und Karteikarten, die sie sich an die Wand gepinnt hat, beugt sich über ihr anderes Arbeitsinstrument, den Plattenspieler. Erster Ton in dieser Aufführung: kein Wort, sondern reiner Klang, das ›Adagio‹ aus dem ersten der drei Rasumowsky-Quartette Beethovens. [...]

Damit ist, vor jedem Wort, Peymanns Inszenierung bestimmt. Wie kann man dies als idealistisches Humanitäts-Märchen einst gepriesene, heute geschmähte Stück spielen, in dem vor zweihundert Jahren ein noch nicht vierzigjähriger Dichter – in Frankreich bereitet sich die Revolution vor – seiner Titelheldin solche Worte in den Mund legt: ›O laß den reinen Hauch der Liebe dir / Die Glut des Busens leise wehend kühlen ... / Um Guts zu tun, braucht's keiner Überlegung ... / Der Zweifel ist's, der Gutes böse macht. / Bedenke nicht; gewähre, wie du's fühlst‹?

Die Musik am Anfang öffnet Peymanns Inszenierung in das durch Worte schwer zu erschließende Paradies, gibt ihr die Richtung auf Utopie. ›Iphigenie‹ 1977: ein Traum von Menschlichkeit.

Jetzt setzt sich die Stuttgarter Iphigenie, eine junge Frau, wie wir ihr in jedem Büro, jeder Disco begegnen könnten, an die Rampe, baumelt mit den Beinen selbstsicher-verlegen und spricht die ersten Worte: ›Heraus in eure Schatten, rege Wipfel / Des alten, heilgen, dichtbelaubten Haines ... / Tret ich noch jetzt mit schauderndem Gefühl / Als wenn ich sie zum erstenmal beträte, / Und es gewöhnt sich nicht mein Geist hierher.‹

Ein Mensch im Exil. Fremd unter Fremden. Auch dies ein Thema, das während der zwei Jahrhunderte, seit denen es Goethes Schauspiel gibt, immer aktueller geworden ist. Aus einer Fremde kommt die Bühnenbildnerin Ilona Freyer, die in der DDR nicht so arbeiten durfte, wie es ihr Verständnis von Kunst verlangt. Sie isoliert die Priesterin Iphigenie, das aus einer Hochkultur in die Barbarei verschlagene Königskind, am vorderen Bühnenrand. Zwischen Stapeln von Manuskripten, alten Photos, Briefen, Zetteln, Schreibtafeln, einer altertümlichen Schreibmaschine, einem Plattenspieler haust Iphigenie wie in einer Oase der Kultur inmitten einer Gemeinschaft archaischer Blutrache.

Symbol der skythischen Fremde, in der Iphigenie zu leben seit fünfzehn Jahren gezwungen ist: der rohe Tempel der Diana, deren Priesterin sie ist. Über zwei krummen Ästen ein schmales Brett, darauf ein großer ›echter‹ Vogelflügel und ein künstlicher. Feldsteine und ein aus der Asche geopferter Menschen geschichtetes, wenige Zentimeter hohes Mäuerchen scheiden den Tempelbezirk von der sonst kahlen, grau ausgeschlagenen Bühne, die im Hintergrund abgeschlossen wird von zwei großen schwarzen Tüchern, zwischen deren schmalem Schlitz Licht auf die Szene fällt.

Kultur in der Barbarei, Bildung unter Menschenfressern, Menschlichkeit im Terror: vom ersten Augenblick an sind die beiden Pole fixiert, zwischen denen sich die Inszenierung spannt, lange ehe Kirsten Dene, als Priesterin zum Menschenopfer befohlen, vor Verzweiflung weinend die Göttin anfleht: ›O enthalte vom Blut meine Hände!‹ oder sich jene Frage stellt, die Peymann aus dem (frühesten) Prosa-Entwurf in die (endgültige) Versfassung übernimmt: ›Wenn ich mit Betrug und Raub beginn, wie will ich Seegen bringen und wo will ich enden?‹ […]

Solche Ehrlichkeit (und Bescheidenheit) gegenüber einem Entwurf idealer Menschlichkeit prägt die Inszenierung der ›Iphigenie‹. Zu vermitteln ist nicht das zu Lebensregeln verfestigte Spruchgut dieses Dramas, sondern der Zweifel an diesem in unmenschlicher Zeit erträumten und formulierten Appell zu Menschlichkeit.

Nichts anderes leistet diese Aufführung drei Stunden lang, vom verstörenden Beginn mit der Schallplatten hörenden Iphigenie bis zum – ratlosen – Ende: Zwar schüttelt der Barbaren-König (Branko Samarovski) der jungen Frau, die er vom Altar gern ins Ehebett geführt hätte, mit beiden Händen die Rechte, wünscht auch, ohne allzu viel Kummer in der Kehle ›Lebt wohl!‹ – aber Peymann wendet die kritische Haltung gegenüber der Mitwelt auch auf Goethe an: Das darf's doch nicht gewesen sein, daß die Humanitäts-Arien gesungen werden von zivilisierten Menschen – auf Kosten des Barbaren, der als geprellter Mann einsam zurückbleibt.«

Rolf Michaelis: Der schöne Mut zur Menschlichkeit. Notizen aus Stuttgart: Claus Peymann inszeniert Goethes »Iphigenie« […]. In: DIE ZEIT Nr. 48 vom 25. November 1977. S. 47. – Mit Genehmigung von Rolf Michaelis, Hamburg.

Abb. 5: Kirsten Dene als Iphigenie in der Inszenierung von Claus Peymann am Stuttgarter Schauspielhaus 1977 Foto: Hannes Kilian, Wäschenbeuren. – Mit Genehmigung von Gundel Kilian, Wäschenbeuren

9. Literaturhinweise

Adorno, Theodor W.: Zum Klassizismus von Goethes *Iphigenie*. In: Th. A.: Noten zur Literatur. Bd. 4. Frankfurt a. M. 1981. S. 495–514. [Erstpublikation: Zur Klassizität von Goethes *Iphigenie*. Vortrag vom 7.7.1967. Neue Rundschau 78 (1967) S. 586–599.]

Borchmeyer, Dieter: Iphigenie auf Tauris. In: Goethes Dramen. Interpretationen. Hrsg. von Walter Hinderer. Stuttgart 1992. S. 142–152.

Frick, Werner: Die Schlächterin und der Tyrann: Gewalt und Aufklärung in europäischen Iphigenie-Dramen des 18. Jahrhunderts. In: Goethe-Jahrbuch 118 (2001). S. 126–141.

Hackert, Fritz: Iphigenie auf Tauris. In: Walter Hinderer (Hrsg.): Goethes Dramen. Neue Interpretationen. Stuttgart 1980. S. 144–168.

Henkel, Artur: Die »verteufelt humane« Iphigenie. Ein Vortrag. In: Euphorion 59 (1965) H. 1/2. S. 1–18.

Kaute, Brigitte: Die durchgestrichene Aufklärung in Goethes *Iphigenie auf Tauris*. In: Goethe-Jahrbuch 127 (2010). S. 122–134.

Liewerscheidt, Dieter: Selbsthelfertum ohne Autonomie – Goethes Iphigenie. In: Goethe-Jahrbuch 114 (1997). S. 221–232.

Matuschek, Stefan: Klassisches Humanitätsideal. Goethes Iphigenie und ihr Nachhall. Mythos Iphigenie. Hrsg. von Stefan Matuschek. Leipzig 2006.

Meier, Albert: Johann Wolfgang Goethe. Iphigenie auf Tauris. Ein Schauspiel (1779/87). In: Albert Meier, Klassik – Romantik. Unter Mitarbeit von Stephanie Düsterhöft. Stuttgart 2008. S. 254–255.

– Goethe. Dichtung – Kunst – Natur. Stuttgart 2011.

Rasch, Wolfdietrich: Goethes *Iphigenie auf Tauris* als Drama der Autonomie. München 1979.

Reed, James Terence: *Iphigenie auf Tauris*. In: Goethe-Handbuch. Bd. 2 (Dramen). Hrsg. von Theo Buck. Stuttgart/Weimar 1997. S. 195–228.

Rothmann, Kurt: Johann Wolfgang Goethe. Kompaktwissen für Schülerinnen und Schüler. Stuttgart 1994.

Safranski, Rüdiger: Goethe. Das Kunstwerk des Lebens. Biographie. München 2013.

Inhalt

Goethe | Iphigenie auf Tauris

Reclam XL | Text und Kontext